잘못 든 길도 길이다

잘못 든 길도 길이다
—
초판 1쇄 2019년 10월 9일
지은이 김여옥
펴낸이 김영재
펴낸곳 책만드는집
—
주소 서울 마포구 양화로 3길 99, 4층 (04022)
전화 3142-1585·6
팩스 336-8908
전자우편 chaekjip@naver.com
출판등록 1994년 1월 13일 제10-927호
ⓒ 김여옥, 2019
—
* 이 책의 판권은 저작권자와 책만드는집에 있습니다.
  이 책 내용의 전부 또는 일부를 재사용하려면 양측의 동의를 받아야 합니다.
* 잘못 만들어진 책은 구입하신 서점에서 바꾸어 드립니다.
* "본 도서는 충청남도, 충남문화재단의 후원으로 발간되었습니다."
—
ISBN 978-89-7944-704-0 (04810)
ISBN 978-89-7944-354-7 (세트)

책 만 드 는 집　시인선 135

잘못든 길도 길이다

김여옥 시집

책만드는집

| 시인의 말 |

오빠의 갑작스런 부재로, 내 인생은 토네이도의 회오리였다
지난 연말, 어머니의 회귀를 정점으로 그 물기둥은 스러진 듯하다
극즉필반極卽必反을 주문처럼 뇌지만
매번 닥쳐오는 시련에는 속수무책이어서
포복 자세로 납작 엎드려 있으니,
그 또한 지나간다

성격이 팔자라고 했던가
평생 파고波高에 힘들었지만 삶에 정성을 다한
지금의 내 모양이 나쁘지만은 않다
그럼에도 지극한 쓸쓸함의 늪
이 또한 욕심인가

오랫동안 묶지 못한 시들을 손보면서
마음앓이가 깊었다
우울했던 내 시여, 아팠던 지난날들이여
이젠 날아가렴 가서는 돌아오지 마렴

등단한 지 29년이나 됐지만 변변하지 못하다
무슨 상관이랴
들꽃이 어디 누구 봐달라고 피던가(실은 봐달라고 핀다)
하늘과 땅, 안과 밖, 성과 속, 삶과 죽음
모든 경계가 이미 사라지고 없거늘

쪽팔리게 살지 말자
정명正名을 생각한다
더질더질

              바람이 갈대와 수작하는 금강변에서
                      김여옥 두손모아

추신 : '아름다운 주당문학(예술)상'을 만들고 싶다
      맛있게 멋있게 의미 있게, 술 잘 마시는 문인(예술인)에게 주
      는 상 말이다(문학상의 편중성, 불공정성에 대한 얘기도 되겠다)
      물론 단서는 있겠다 예를 들어 주사는 없을 것 등등
      이때껏 내 벗이 되어준 술을 위해, 하물며
      한세상 사는 데 이만한 풍류는 있어야 되지 않겠는가
      인 비노 베리타스in vino veritas!

| 차례 |

4 • 시인의 말

1부

13 • 해남 동백꽃
14 • 신공무도하가
16 • 이 달빛 어쩌라고
17 • 인사동에서 길을 잃다
18 • 휘파람새
20 • 달의 보시
22 • 늙는다는 거와 익는다는 거
24 • 잘못 든 길도 길이다
26 • 가장 깊은 곳으로
27 • 개똥쑥차를 마시며
30 • 한 슬픔이 가면 한 기쁨이 오는 것
32 • 동안거를 해제하다
33 • 이제부터 해남은 땅끝이 아니라네

2부

- 39 • 지극히 높은 향기
- 40 • 오월의 노래
- 42 • 젖지 않고서야 어찌
- 44 • 산의 내력
- 46 • 갈아엎다
- 48 • 날개에 대하여
- 50 • 내 안의 당신
- 52 • 실눈빛 하나면 족해요
- 54 • 등을 토닥이듯
- 55 • 이 가을 명천에 1
- 56 • 이 가을 명천에 2
- 57 • 이 가을 명천에 3
- 58 • 이 가을 명천에 4
- 60 • 지, 천명
- 62 • 자란, 꽃눈을 뜨다
- 63 • 엄마, 안녕

3부

- 69 • 일제강점기 친일 경찰 열석 자 사냥 보고서
- 70 • 소통의 부재
- 72 • 말세의 징조
- 74 • 위하야
- 75 • 집토끼와 산토끼
- 76 • 요샛것들이 하는 짓
- 78 • 한포 이야기
- 80 • 술잔을 돌리면 뺨도 돌리라
- 82 • 잣대
- 84 • 늦으믄 어쩌, 까짓거
- 86 • 어중간 귀
- 88 • 흔들리는 배 위에서
- 90 • 통경론
- 91 • 사막을 횡단하다
- 92 • 물은 생명의 즈믄 불꽃
- 94 • 슬픔도 진하게 달이면

4부

97 • 사람은 궁하면 거짓말을 한단다
100 • 적과에 대하여
102 • 잘 벼린 칼 한 자루
104 • 다시 바다로
106 • 청보리밭을 거닐던 바람이
　　　천수천안 꽃종을 보랏빛으로 울리다
108 • 불온한 생각
110 • 바보 노무현, 부엉이바위 아래로
　　　힘껏 날아오르다
114 • 지상에서의 아름다운 동행
118 • 꽃은 또 피는가
121 • 사슴에게
124 • 내내 그대만을 사랑했다
126 • 칠석날 별자리
128 • 정선을 보았다
130 • 눈멀고 귀먼 자들의 나라
132 • 21세기 캐치프레이즈
134 • 우리 모두의 통일은
136 • 저 황홀한 촛불의 향연

139 • 해설_ 이재복
162 • 후기

১부

해남 동백꽃

오메 가시내야
저 저 저, 저눔의 달빛 바짓가랭이
버얼거니
달아오르다 달아오르다

지미 환장할
다 젖어부렀단 말이시
시방 버얼겋게
금메 말이시

신공무도하가

아이야, 네 어미는
고조선의 시인 여옥이란다
땅끝 해남에서 흑룡강까지
수수누겁을 홀로이 떠도는
생다지 바람이란다

때로는 바다보다 더 낮은 섬이 되어
섬 안을 떠도는 비린 풍란화가 되어
우우우 갈기 날리며 넘나드는 바람
공후인을 타는 향풍香風 한 마리란다

발소리보다 먼저 오는 헛기침이란다
들판에 홀로 선 백노송의 기별이란다
별이 한 운행을 마치고
제자리로 돌아와 박힌 신새벽

내 아이야,

반짝이는 잎새 하나의 시절이 가듯
오늘 밤엔 홀로 지는 하현달이 됐단다
젖은 죽지 펴지 못한 채
날지도 못하는 한 마리 흑고니가 됐단다

그러나 아이야, 네 어미는
제 뿌리로 백두대간 길을 내는
한 그루의 토종 금강송이란다
붉디붉은 한 줌 산화흙이 되기까지는

이 달빛 어쩌라고

음유월 보름밤이 밤새 뒤척인다
목이 쉰 고라니는 앞뒷산을 헤매고
긍께, 이 달빛을 차마 어쩔거나
달맞이꽃 저 홀로 꽃몸을 열다 닫다 열다
새 새벽 홰치는 장닭 울음에 화들짝 놀라
화르륵 다시 여미는 그녀의 매무새
매무새에 달린 맑은 이슬만 초롬하다

인사동에서 길을 잃다

밤인지
낮인지
분간이 없다

성聖인지
속俗인지
구별이 없다

봄바람에
낭창낭창한
이 무기無己의
거미줄

〈조문호 사진집 『인사동 이야기』 수록 시(2010)〉

휘파람새
– 오래된 무덤에 앉아

퍽이나 멋들어지게 휘파람을 불던
장대 같은 오빠는
날도 저물기 전
시든 나팔꽃이 되었다

꾸꾸 구꾸 산비둘기 울음에
구절초 꽃 이파리 흰 장삼 자락 팔락인다
모양도 없다고 허 허 허虛
소리도 없다고 무 무 무無
중중모리 가락으로 경經을 읊는다

선은산* 너머에서
후우~ 휘피피피
때늦은 휘파람새 소리

네 마음 있는 곳에 내가 있단다
보이지 않는다고 없는 건 아니란다

후우~ 휘피피피
후우~ 휘피피피

* 해남군 화산면에 있는 산. 오빠가 돌아가기 이틀 전, 어린 나는 꼬리를 단 퍼런 불이 선은산仙隱山을 넘어가는 것을 보았다.

달의 보시

온몸이 은가루가 되는 꿈을 꾸었다
하얗게 바스러진 한 줌의 육신
그 가루를 만지니
투명한 소리가 났다

생명의 꽃 한 송이
이제야 고운 흙이 되겠다
뿌리 내려 그리움 될 수 있겠다

강물은 여전히 맑은 소리로 흐르고
햇빛은 물줄기 따라 부챗살로 출렁인다
지금 두 눈 부릅뜨고 있다고
살아 있다 할 수는 없는 일이다

한 시절이 가고 또다시
한 인생이 스며든다

바다로부터 둥둥둥 북소리 일어나면
해송에 누워 있던 푸른 바람은
사각사각 달을 갉아먹는다
차가운 은빛 그림자뿐이다

더욱 싱싱하게 보시하고
좀 더 당당하게 보시하고
은빛 그림자로 출렁여야 한다

늙는다는 거와 익는다는 거

열매들이 불그스레 여물 때
거친 날것이 보드라이 삶아질 때
김치가 알맞게 맛이 들 때
우리는 익는다고들 한다
허나 사람은 나이 드는 것을
익어간다고 하지 않는다
연륜과 경험으로 지혜로워질 텐데도 말이다
심하게는 늙어빠진 늙다리라고도 한다

길을 지나거나 지하철을 타다 보면
노인들의 격앙된 목소리
분노한 얼굴 탐욕스런 몸짓을 종종 본다
아름답게 늙는다는 것이 얼마나 중요한 건지
순서로 치자면 심순心順 구순口順 행순行順
그다음이 이순耳順이겠다

삼청공원 왕벚나무 아래

벤치에 앉은 노부부
미소 띤 얼굴이 발그스레하다
꽃 진 자리에 새 이파리 돋아나는
홍매화 나뭇가지에서 분주한
노랑지빠귀를 바라보는 중이다

* 2012년 12월 《한국평화문학》에 이 시를 발표한 후, 2014년 11월 노사연의 〈바램〉(김종환 작사)이 발매되었다. 이 노래는 '대한민국연예예술상 작사가상'을 수상하는 등 지금껏 대중의 사랑을 받고 있다. 혹자는 내 시의 제목이 노사연의 〈바램〉 중 "늙어가는 것이 아니라 익어가는 겁니다"에서 차용한 것이 아니냐고 묻는다. 이에 독자들의 바른 판단을 위해 내 시의 출전을 밝힌다.

잘못 든 길도 길이다

어느 골목 모퉁이에서
너의 손을 놓았던가
그 몽환의 안개 길을 따라
수없이 접질리던 발모가지

때론 사랑을 잃은 채 기형도의 「빈집」에 갇혀
혹은 카프카적 「변신」을 끝도 없이 꿈꾸었고
조세희의 사북 탄광촌 검은 땅 검은 하늘
그 아래서 희미한 외줄기 빛을 탐하다가
푸른 너울 넘실대는 안개 더미에
자꾸만 헛발 내디뎠다

검불 같은 안개를 털어내며
어머니는 입속말로 중얼거렸다
―사는 게 별거 있간디
모시 고를라다 삼베 골르는 거제

꿈꾸던 자의 빛나는 개안開眼
효색이 안개를 밀어내고 있다

잘못 든 길도 길이다誤道是道

가장 깊은 곳으로

바람 부는 늦가을 창덕궁 길
어느 집 처마 밑 풍경 소리에
찬란히 오체투지 하는
은행나무 금빛 이파리들

멀리 저 멀리 펼쳐 보이던
눈부신 잎새들의 시절을
나무는 이제 제 뿌리로
가장 깊은 곳으로 품어 안습니다
오래도록 연민해왔던 그들은
다시금 하나입니다

치잣빛 서녘 노을 속으로
황조롱이 한 마리 깊은 울음 울고
그 붉은 날갯짓 소리에
길이란 길은 모두
지워지고 있습니다

개똥쑥차를 마시며

나이 탓이다
불혹을 넘어서며 식성이 점점
채식으로 바뀌어가는 것은
삶의 쓴맛에 길들여진 때문이다
자꾸만 쓰디쓴 나물들에
손이 가는 것은

소태 같고 엉겅퀴 같던 날들이
쓴맛 뒤에 오는 혀의 달콤함처럼
주름진 눈가의 추억이 된 건가
수양 덜 된 마음에 앞서
혀부터 단련이 된 것이다

세월은 많은 것을 변화시킨다
입맛도 변하고 생각도 바뀌고
관점도 다양해진다

노안으로 코앞에 있는 사람
이목구비는 또렷하지 않아도
그 사람 감정이나 기운은 확연히 느껴진다
육안은 점점 어두워져 가는데
심안은 더욱더 또렷해지나 보다

나이가 익어간다는 건
맹교의 '주마간산'*이
고은의 「그 꽃」**으로 오는 것

사는 게 특별히 좋지만도
나쁘지만도 않은 이 나이에
넘어지지 않고 발목 삐지 않고
그저 실족하지 않고
내려가는 길

아무리 갈 길 바빠도

숨어 핀 매발톱꽃에 눈길 줘가며
사목사목 내려가는 길

* 당나라 시인 맹교의 시 「등과후」 중 '주마간화'에서 변용된 말.
** 고은 시인의 시 「그 꽃」. "내려갈 때 보았네/ 올라갈 때 못 본/ 그 꽃".

한 슬픔이 가면 한 기쁨이 오는 것
- 가을 정선

한 기쁨이 오면 한 슬픔이 오고
한 슬픔이 가면 한 기쁨이 오는 것

야윈 삶의 등짝을 휘갈기는
매서운 비바람으로 깎아지른
뻥대 아래 덕산기계곡엔
립스틱 붉게 바른 물매화가 피어 있더이다

가난이 심하면 육신이 비굴해지고
육신이 비굴하면 정신이 사악해지고
정신이 사악하면 영혼은
이미 죽은 게 되더이다

눈물로 간 맞춘 감자붕생이밥*으로 연명하던
백제 이형토기 같은 정선은, 정선 사람들은
바위 틈새 흰 구절초가 되었더이다
순결한 쑥부쟁이가 되었더이다

삶을 가벼이 여기지 않았더이다
인생을 우습게 생각한 적
한 번도 없었더이다

한 기쁨이 가면 한 슬픔이 가고
한 슬픔이 오면 한 기쁨 또한
아장아장 걸어오는 것
슬픔도 기쁨도 내 삶의 동무들이어서
무심한 마음으로 감자붕생이를 먹던 날
멀리서 갓난아이 울음소리 들려오더이다

자연은 누구의 간섭 없이도
스스로 이루어져 가더이다
정선의 가을은 그렇게
속살 깊숙이 익어가고 있더이다

* 붕생이는 정선 말로 '보슬보슬'하다는 뜻.

동안거를 해제하다

황량한 겨울 무논에 홀로 서서
빛나던 여름의 한 끌텅이마저
날카로운 부리로 여지없이 파헤친다
또 다른 지평을 향해 날아가는
백로의 방하착放下着이다

뼛속 마디마디 바람으로 채워 넣고
기억의 한 갈피를 꼿꼿이 우러른다
가녀린 몸피 곧추세운 창끝 되어
우~ 우 아우성 쪽으로만 달려 나간다
쌍골죽의 착득거着得去다

대금 청공淸孔을 넘나드는
바람의 도포 자락
백두산 상상봉을 거닐고 있다

이제부터 해남은 땅끝이 아니라네

바다 남녘 땅을 땅끝*이라 하네
땅끝 마을은 지말地末이라 하네
백두대간도 해남으로 흘러와서는
그 아미를 숙인다네
앞바다 물에 소백 머리를 풀어 감는다네

남녘 바다 뭍을 끝땅이라 하네
끝땅 마을은 지말 해남이라 하네
소백 등성이도 허리를 굽혀
해남 땅으로 기어 와서는
자줏빛 옷고름을 푼 채 눈썹을 씻는다네
밀물 이랑에 살찐 앞가슴 꼭지를 담근다네

이 땅 남쪽 바다 땅끝이면야
해남 땅은 다시 떠오르는 천궁天弓이라네
이 뭍 끝에선, 이 물 끝에선
비로소 한 별이 떠오를지니

한밤 자정엔
푸른 달빛도 마실 나오느니
머리 감던 소백 정수리도 체머리를 들고
흰 젖두덩을 물면에 담근 채
초의의 『동다송』을 읊느니

그제야 지말은 무릎 세워 일어나리니
온갖 산천초목들을 깨워서는
여봐라, 추사가 왔다 이르고
다산과 영랑, 동주까지 선잠을 깨워서는
소치를 앞세워 그림 같은 지리산 길을 드느니
「어부사시사」를 읊고 있는 고산 옷자락도 잡아끌어
불꽃나라 한산행漢山行을 드느니

을해년 안개 마루를 넘어
병자丙子 태백 백두대간 꼭두를 밟고

흰옷 얼 훨훨 날고자 한다네
천지로 날아가
죽지 접어 목욕재계할 때까지
요순의 곰 처녀와 만나
덩더꿍 탈춤을 출 때까지
지말 신선들은 무궁 삼한 길을 오른다네
붉조선 그 소도 마한의 길을

* 1981년 해남군이 이 일대를 관광지로 개발하면서 토말土末이라 명명했지만, 일제가 '지말地末' 표석의 '지地'에서 '이끼 야也'를 떼어냈다는 시비가 붙자 그때부터 땅끝이라 했다.

2부

지극히 높은 향기

어린 초승달은 푸른 별빛 뿌리며
눈썹 위로 내려와서는
내 쓸쓸한 이마를 쏘다닌다

엄마 몸에서 막 빠져나온
아기 염소는 미간을 찌푸리며
휘청휘청 물기를 털어낸다

엄마 품에 안겨 꼬물거리는
아가의 작은 손가락에서는
지극히 높은 곳의 향기가 난다

세상 오만 곳에서 묻혀 온
비린 바람의 흔적들
지우고 남을 향긋함이다
순정한 어여쁨이다

오월의 노래
−산새 이야기 1

살아 있는 것만으로도
다행스러워 노래 불렀다
남아 있는 것만으로도
부끄러운 노래가 되었다
그날 나는 거기에 있었고
그날 나는 거기에 없던
노래만 불렀다

곱디곱던 빛의 입자
가뭇없이 사라져가고
말잔치만 무성하던 무등산 자락 아래
그곳에서 나는 날고 있었다
숨죽여 핀 진달래 모가지만 뚝뚝 꺾이는 걸 보면서
무르팍마저 푹푹 꺾이는 걸 보면서
죽은 듯 엎드려 노래 불렀다

그곳에서 나는 죽었다

음시월 첫서리 천둥벌거숭이로
남녘 산자락에서 나는 죽고
영겁의 천형에
두 눈 부릅뜬 채 나는 죽고
죽었던 그날 이후 다시 살았어도
난 살아 있는 노래가 아니었다

그래도 난 새가 되고 싶었다
산새가 되어 날고만 싶었다
부르다 부르다가 죽을
한 소절 노래가 되고 싶었다

⟨5·18기념재단 발행, 5월 문학총서 수록 시(2012)⟩

젖지 않고서야 어찌
−산새 이야기 2

너무 멀리 날아왔나 보다
가끔은 되돌아갈 수 있는 지척
그만큼만 멀어지려 했다

어쩌다 시냇물 소리와 섞일 수 있는 곳
그저 그 정도의 거리에서만
목울음 울다 돌아가려 했다

망망 하늘 은하수는 쏟아지는데
손 뻗어도 잡히지 않는 별
술잔 속 네 얼굴 떠오를 만큼만
흔들리다 떠나려 했다

너무 깊은 골짜기로 들어섰나 보다
쉴 새 없이 는개는 내리고
숲길은 점점 더 질척거린다

날갯죽지 젖지 않고서야
척척한 이 골짜기를 어찌
벗어날 수 있겠는가

산의 내력
– 산새 이야기 3

그가 보내온 주흘산 그림엽서엔
채 녹지 않은 눈 덮인 산의 아랫도리엔
작은 학교와 교회당, 고만고만한 집들이
오순도순 기대어 누워 있다
짙게 드리운 고단한 그림자는
산의 내력을 고스란히 들려준다

산은 자기 무게로 사람을 짓누르지 않는다
하늘과 가장 가까운 곳에 살면서도
제 그림자를 자랑하지 않는다
다만 그 오지랖 안에
어린 생명들을 품어 키운다

부드런 어머니의 젖두덩 잡고 누우면
큼지막한 손을 들어 아린 속 쓰다듬는다
웅크렸던 깃 훌훌 털고 일어나
날아가야 할 길 알려준다

묵직한 아버지의 음성으로

접었던 날개 펴고
이제 그만
사람 사는 마을로 날아가야겠다

갈아엎다
-다시 꾸는 꿈 1

오랜만에 호미를 들었다
누가 물 주지 않아도
아무도 돌보지 않아도
풀은 무장무장 잘도 자랐다

땅을 갈아엎었다
씨앗을 뿌리고
새로운 식물을 키워내기 위해서는
땅심을 살려내야만 했다

흙의 속곳들이 헤집혀 알몸 드러나더라도
지렁이나 달팽이가 행여 잘려 나가더라도
산성화된 흙을 한 번은 갈아엎어야 했다
독성들이 혈관을 교란하기 전에

석회를 뿌리고 토양이 중화되면
이제 씨알들은 시나브로

노란 이마를 밀어 올리겠다
비로소 우리 몸에 차오른 산화질소
피돌기는 한결 매끄러워지겠다

날개에 대하여
– 다시 꾸는 꿈 2

그는 오로지 날개에 대해서만 생각했다
대나무와 닥종이로 만든 비행기에 작은 모터를 달고는
부리로 왝왝거리기만 하는 작은 새를 키웠다
작고 귀여운 새는 누구든 만지면 달아났다
하지만 눈빛만 마주쳐도
어깨며 손등 위로 곧잘 내려앉았다
언제든 날아가면 그만인 새

아버지, 이 새는
살아가는 데는 별 도움이 안 되나요

햇빛 찬연한 어느 날
들고양이가 작은 새의 발목을 물어뜯어 버렸다
버둥대던 새는 지롱地籠 안에 갇혀
웅크린 채 하늘만 쳐다보았다
난다는 건 꿈을 꾼다는 거야
이룰 수 없는 꿈속의 꿈을

아버지 그 새는
다시 날 수 있었을까요

내 안의 당신
– 다시 꾸는 꿈 3

여보, 장자의 꿈속 나비였군요
내 마지막에나 부를 그 하나님
바로 당신이었군요
손 내밀어도 잡히지 않는
꿈속의 미운 달빛 나비

새벽바람에 별빛이 차갑습니다
사위어가는 달그림자가
내 안으로 찬찬히 걸어 들어옵니다
"잠을 깨, 어서 장자의 잠에서 깨어나"

얼핏 꿈에서 당신을 보았을까요
한밤 내내 잠언의 끝자락을 잡고
긴 잠에서 시름할 때
하늘에서 울려오는 종소리
꽃을 흔들어 깨웠습니다

꽃은 잠을 자고 있었던 게 아니라
환한 달빛을 만나고 있었던 게지요

실눈빛 하나면 족해요
－다시 꾸는 꿈 4

내 몸뚱이 받쳐줄 지렛대를 구합니다
더 높게 올라갈 필요는 없어요
다만 이대로 구덩이 엎드려 있는 거
이젠 정말 신물이 납니다

7년을 땅속 깊이 숨어 살았어요
우화등선하던 그 순간
그만 거미줄에 걸려버렸어요

알고 있어요
비상을 꿈꿀 수 없다는 걸
하지만 누군가 살짝 건드려만 주면
나도 하늘을 노래할 수 있어요

천지사방 노리는 눈총에
지금은 바짝 엎드려 있지만
이게 어디 영원까지겠어요

따스한 실눈빛 하나면 족해요
그저 영혼 버티기라니까요

등을 토닥이듯

해진 신발로 폭폭한 산길을
멀리도 걸어왔다
굳건하게 매달려 있던 다짐들은
발길에 나뒹구는 솔방울이 되었다

산모롱이 돌 때는 유난히도 짧던 해
추위에 곱은 발은 헛발질하기 일쑤였다
무르팍이 꺾이도록 끝도 없는 자갈길이었다

비틀거리며 내려온 숲 너머
그만하면 되았다
욕 많이 봐부렀다
살며시 등을 토닥이듯
뒤울이바람이 불어온다

이 가을 명천明天에 1

간밤 빗소리에
꿈을 깼다

밖을 나가 보니
하늘이 다녀가신 듯 은비
뜰엔 공기 방울만 켜져 있다

더는 안 오실 듯
자정 물방울들은
꽃쟁반 하나를 그예 울려버렸다

여름 내내 마셔대던 꽃술은
그다지 양약은 되지 못했다

이 가을 명천에 2

코스모스 꽃망울 벙그는 작은 귀띔에도
억새 대궁 느껴대는 흔들림에도
별들은 잠 못 이룬다

이른 아침마다 배롱나무 가지엔
두어 마리 까치가 울다 가고

먼 데서 날아오신 부음
이 무서리 천지에

실국 향 눈시울 붉은 가을은
금빛 안개로 비단을 짠다

이 가을 명천에 3

가을은 소리 소문 없이
눈망울 속으로 첫 신행 와서는
갈빛 베를 짜
님께 바친다

신도 차마 다 식히지 못한
한여름 밤 숨소리들을
고운 갈베로 짜
님께 바친다

벌레들 눈물방울까지
하얀 망사 깁으로
투명하게 짜서는
님께 갖다 바친다

이 가을 명천에 4

가을 명천은
이별하기 가장 좋은 때
돌아갈 길 예비하기 가장 좋은 때
잠시 잠깐 문 언저리 머뭇거리며
꽃불 지르기 가장 좋은 때

가을 명천은
망명 살던 철새들도
부리 물기 가장 좋은 때

맑은 가람가에 나앉으면
가득 발효하는 우울
투명 천天에서 나를 만난다

우린 가볍게 깃을 비비기도 한다
붉은 사랑을 해야겠다고
달빛 물 적시며 뇌어본다

가을 명천에는
내 살별 스치듯 지나갈 가벼운
한 자락 바람의 잠옷 차림만으로도
짐짓 옷깃 여밀 때이다

지知, 천명天命

 이른 아침부터 장돌뱅이들의 왁자한 소리가 드높은 늦가을이었다 닷새 전 가까스로 정신을 차린 오빠는 몸을 일으켜 세우게 해서는 베개를 받치고 벽에 기댄 채 간신히 목울대를 돋워 한숨처럼 중얼거렸다 우리 엄마 불쌍해서 어쩌나 우리 엄마 불쌍해서 어찌 가나 그러고는 이생의 남은 날을 예감하듯 손가락을 들어 꼽아보았다

 어린 내가 왜 그의 발을 잡고 있었는진 모른다 갑자기 서늘한 냉기가 손바닥을 타고 온몸을 엄습했다 지금의 나보다 더 어렸던 어머니가 미친 듯이 울부짖었다 아가 아가 내 아들 준열아, 눈을 떠라 어여 눈을 떠봐라 생때같은 내 새끼야 나를 두고 어디 가냐……

 40여 년 전, 장꾼들의 흥정하는 소리만 점점 더 높아가던 해남 화산花山 장날이었다

 나뭇잎 떨어지는 소리에

아기 다람쥐가 화들짝
도토리 떨어뜨리고
우주는 아주 잠깐
숨을
멈. 췄. 다

* 사족 : 여태 나는 '우리 엄마 불쌍해서 어쩌나…'를 오빠가 비슷하게 말했다고 생각해왔다. 그런데 이 시집 교정을 보면서 갑자기 생각났다. 오빠는 아프면서부터 목소리가 안 나왔다. 그래서 부모님과 가끔씩 필담을 했고, 감기처럼 발병한 지 22일 만에 가면서도 유언 한마디 못 남겼다. 그러니까 초등학교 6학년이던 내게, 스물두 살 난 아들을 곧 잃게 될 엄마를 생각하는 오빠의 그 참담한 심정이 오롯이 느껴져 왔던 것이다.

자란紫蘭, 꽃눈을 뜨다
– 사회에 첫발 딛는 아들에게

척박한 사막의 이동성 유전자 때문인가
눈도 미처 못 뜬 채
죽은 듯 자는 듯 웅크려 있더니
수줍게도 꽃눈 떴구나

풍성하지 않은 몸피와
물기 마른 가녀린 잎새에
공글려 올린 영혼의 꽃대
짙고도 붉은 뮤µ별*로 태어났구나
영롱한 수정 눈물 머금었구나

버겁고 아프게 밀어 올린
작고도 여린 생의 촉수

방 안 분분한 자란 향이
오장구혈五臟九穴을 스며드는구나

* 세페우스자리에 있는 초거성이며, 지구에서 약 3천 광년 떨어져 있다. 맨눈으로 볼 수 있는 가장 밝고 큰 별 중 하나이며, 붉게 보여 '석류석별'이라고도 한다.

엄마, 안녕

시간이 턱 소릴 내며 바퀴를 멈췄습니다
해도 달도 구름도 바람도
모두가 운행을 멈춘 날
어디에 대고 불러보면 대답할까요
어디 가서 실컷 울면 다시 오실까요
하늘도 바다도 초목도
모두가 숨죽여 울던 날

돌아보면 아득한 생이었습니다
장대 같은 외아들 가슴에 묻고 그리 따라가길 원했지만
올망졸망한 어린 다섯 딸 위해 차마 일어서셨습니다
소문난 호랑이 시엄씨 시집살이에 눈물 잘 날 없었지만
종래엔 그 시어머니 두 손 맞잡고 용서 빌었습니다
평생을 한량처럼 맘껏 살다 일찍 가신
생전에도 그랬지만 유산 한 푼 없이 떠난 지아비 대신
작은 체구로 모진 풍랑 다 헤쳐오셨습니다

어찌 이겨내셨을까요 그 많던 환란

어쩌면 이리도 잘 키워내셨을까요 우리 다섯 자매
알토란 같은 손주들은 얼마나 예쁘던가요
할머니를 사랑하는 마음 그 얼마나 깊던가요

엄마 엄마 자랑스러운 우리 엄마
평생 해외여행 한 번, 술 한 번, 허튼짓 한 번 안 하고
흐트러진 자세 보이기 싫어 노인정에도 안 가신
자존심 강하고 경우 바르신 우리 엄마
누구든 죽어가는 강아지나 화초를 가져오면 금방 소생시키고
마을 거지는 아예 우리 집 앞에 기거하며 음식을 대 먹었지요
모든 살아 있는 것들에 정성을 다하신 우리 엄마

이제 그 무거웠던 짐 훌훌 다 벗어 던지세요
당신 나이 마흔셋에 잃어 43년간 그리워한
잘생기고 든든했던 당신의 효자 아들 만나
행복한 웃음꽃 피우며 편히 쉬셔요

엄마를 사랑하셨지만 표현이 서툴렀던
천하 호인 우리 아버지도 꼬옥 안아드리세요
우리 훗날, 다시 또 엄마의 딸이 되어
보고 싶은 엄마 만나러 꼭 찾아갈게요
그때는 엄마 손 다시는 놓지 않을게요

엄마의 딸이어서 정말 행복했습니다
엄마의 딸이라서 정말 감사했습니다
수고 참 많으셨습니다 고생 참 많으셨습니다
사랑하고 존경하는 박朴 금今자 례禮자 우리 엄마
넷째 딸 여옥이가 잊지 않겠습니다

✞

평생 바삐 걸었으나
주께서 푸른 초장에 누이셨도다

                1933년 8월 11일(음) 태어나고
                2018년 12월 14일(양) 돌아가다

3부

일제강점기 친일 경찰 열석 자 사냥 보고서

도
주
하
므
로
부
득
발
사
현
장
즉
사

소통의 부재

 한 마을에 일자무식자가 있었다 어느 날 그가 예닐곱 살쯤 되는 아들을 데리고 산에 나무하러 길을 나섰다 동네를 빠져나와 논둑을 걷고 있는데 한창 호기심이 많은 나이가 된 아들 녀석이 묻는다
 "아부지, 쩌 글짜가 뭣이랑가?" 전신주에 붙은 '불조심'이라는 현수막을 보고 묻는 말이다 아무리 뜯어봐도 알 턱이 없지만 아들에게 모른다고 할 수는 없다 한참 궁리 끝에 "잉, '전 봇 대'라고 쓴 것이구먼"
 한참을 더 걸어가니 산 초입에 이번엔 '산불 조심'이라고 쓰인 전신주가 나타났다 아들이 또 묻는다 "아부지, 쩌것은 먼 글씨여?" 아까는 세 글자라 전봇대로 때웠는데 이번엔 넉 자다 헐 암만 그래도 체면이 있지 모른다고는 할 수 없다 "잉, '또 전 봇 대'"
 해거름이 다 되어 나뭇짐을 지고 집을 향해 가는데 동네 초입 주막거리에 '酒' 자 홍등이 불을 밝히고 있다 궁금한 아들이 또 물었다 "아부지, 쩌건 머여?" 이건 도저히 어찌해볼 도리가 없다 글자 같기도 하고 그림 같기도 하

고, 한 글자 같기도 하고 두 자 같기도 하고…… 체면 구기는 모깃소리로 대답할밖에 "잉, 느그 엄니한티 물어봐야 쓰것다"

아들은 집에 들어서자마자 아궁이 앞에서 저녁밥 짓고 있는 엄마에게 물었다 "엄니, 쩌그 저 우리 동네 앞에 술도 폴고 밥도 폴고 허는 디 있제? 고 앞에 뭔 글씨가 써진 등이 있는디, 고 글씨가 뭔 말이당가?" 엄마는 갑자기 화난 표정으로 부지깽이를 탁탁 치며 말했다 "느그 아부지한티 물어봐 부러라 느그 아부지가 허벌나게 좋아허는 것 잉께" 아들이 쏜살같이 아버지에게 달려가 묻는다 "엄니가 그라는디, 아부지가 질루 좋아허는 것이란디?" 아버지가 무릎을 딱 치며 흐흐거린다 "아따, 고것이 고거였구먼" "고것이 먼디, 아부지?" "느그들도 크믄 알어야 히"

---

* 이 가족 간의 불통不通은 귀엽기라도 하지만, 생명 있는 것들은 모두 다 시멘트로 발라 숨도 못 쉬게 하는 작금(MB 정권)의 고집불통은 위험수위를 넘었다. 절차가 번거롭고, 그리하여 설명하기 거추장스럽고 답답한, 민주주의여 안녕.

말세의 징조

 심심하던 문경 현감이 동헌 다락에 나앉아 통인通引을 불렀것다 통인 둘이 대령하자 "내가 칠언절구를 지을 테니, 그에 맞는 대구를 지어 바치라" 드디어 현감이 주흘산을 바라보며 한 수 짓는디, "주흘산전능논논主屹山前能論論"(주흘산 앞의 곰이 논논 짖고)—무식한 이 현감, '곰 웅熊'에서 '불 화火'를 빼먹고 '능能'자로 잘못 지어낸 것이렷다 이에 재치 있는 통인 하나, 문경 성문을 바라보고는 "막동문외대몽몽莫同門外大蒙蒙"(막동문 밖의 개는 몽몽 짖는다), '개 견犬'에서 귀를 떼어 '큰 대大'로써 대구 하니, "어찌 막동문 밖의 개는 귀가 없느냐"고 현감이 탓하더라 하여 "주흘산 곰은 네발이 다 없는데, 막동문 밖의 개가 귀 하나 없는 것쯤은 약과입니다" 했것다 옆에 조는 듯 가만히 서 있던 다른 통인, 한술 더 떠서 "조령동구해졸졸鳥嶺洞口奚卒卒"(조령마을의 개울은 졸졸 흐른다), '시내 계溪'에서 '물 수水' 변을 떼버리곤 '어찌 해奚'를 썼것다

 이에 세 사람 모두는 대성통소大聲痛笑했으렷다

산에서는 발 없는 곰이 울고
성문 밖에서는 귀 없는 개가 짖으며
개울에는 물까지 말랐으니
말세, 말세로고

위하야 爲下野

 흥선대원군 형인 흥인군 이최응*은 뇌물 곳간이 아홉 개렷다 이 양반 사는 재미는 초새벽에 일어나 점고하는 일이었다나 어느 날 새벽, 일곱 곳간에 쌓아둔 생치生雉와 청어가 썩어 나가 코를 비틀어 막으며 고지기가 여쭸것다 "근일 날씨 더워 태반이 썩어 고庫 밖까지 썩는 냄새가 천둥을 치오니, 소인 생각으로는 썩지 않은 놈만 골라 친지에게 보내고 반쯤 썩은 것들은 저 아랫것들에게나 고루고루 나눠주는 게 어떻는지요" 이에 흥인군이 조소를 띠며 한 말씀 날렸으렷다 "여汝는 그 성성함을 사랑하는고? 아我는 그 켜켜함을 사랑하도다"

 켜켜이 쌓고 쌓음을 애애愛愛하는 건, 고래무론하고 다다익선이라 "자알 먹고 자알 살아라"라는 말이 이때부터 유행하여 작금에 이르렀지만, 또 한켠에서는 "혼자만 잘 묵고 잘 살믄 뭔 재민 겨"라는 말도 심심찮게 전해져 오더라는 야그 한 토막

---

* 주화·척화·개국에 대해 줏대 없이 모두 옳다고만 하여 '유유정승'이라 불렸으며, 임오군란 때 난군들에게 죽임을 당했다.

집토끼와 산토끼

아궁이에 저녁불 때고 있는 엄마 곁에 쭈그려 앉아 있던 일곱 살 난 소녀가 물었다
"엄마, 띠가 머시여?"
"잉, 띠라는 거는 우리 사람들이 태어난 해를 열두 마리 즘생들로 상징혀서 정해논 것이여"
"그라믄 나는 먼 띠여?"
"우리 딸내민 이쁘께로 질로 이쁜 즘생이제"
"고것이 먼디?"
"토깽이"
"토깽이? 음, 근디 토깽이는 집토깽이도 있고 산토깽이도 있는디, 난 어뜬 토깽이여?"
"잉, 산토깽인 평생 지 먹을 건 지가 찾어댕겨야 쓰고, 집토깽이는 사람들이 먹이를 갖다 준께로 이쁜 우리 딸은 고상 안 하는 집토깽이제, 암은"

그로부터 50여 년이 되도록
소녀는 한 번도 집토끼인 적이 없었다

요샛것들이 하는 짓

 매사 성급해 빨리 일을 치워내는 사람 잘 산다는 생각을 갖고 있던 노인이 과년한 외동딸 배필인 사윗감을 찾고 있던 어느 날, 동네 칙간 앞을 지나가다 총각 한 놈 칙간에 들어가 허리띠도 풀지 않은 채 주머니칼로 매듭을 싹둑 잘라버리는 걸 보고는 되게 성급한 놈이 여기 있구나 싶어 그놈에게 사위가 돼달라고 했것다 노인이 이것저것 가릴 것 없이 한 달 안에 날 잡아 초례청에 찬물이라도 떠놓고 식을 올리자 하니 이 총각 기겁을 하며 한술 더 떠, "한 달이나 지달려유?" 오늘 밤 자시$_{子時}$ 안에 당장 해치우자며 다그쳤것다 그놈 되게 급한 걸 보니 참 잘 살겠다고 노인은 흡족해하며 찬물 한 그릇 떠놓고 그날 밤 곧장 딸년의 귀밑머리 얹어 혼례를 치렀것다 신랑 신부 초석자리 신방 얼른 차려주고 장인 영감 사랑방으로 돌아오는 길에, 벌써 신방에선 아야야, 비명 소리가 자지러졌것다 영감이 뛰어가 신방 문을 벌컥 열어보니 벌거벗은 신랑이 빗자루로 신부를 개 패듯 패고 있었것다 무슨 일로 자네는 첫날밤부터 복날 개 잡듯 내 딸을 잡아 패냐고 묻자, 새신랑은 이런 억울할 데가 어디 있냐며 고함질러 항변했것다 "했으면 단박 애를 하나 낳아야 될 거 아녀유"

 고놈 참 하는 짓거리가
 꼭 요샛것들 짝일세그랴

한포 이야기

 옛날 해남현 한 시골 마을 대감댁에 한포라는 바지런한 머슴이 있었것다 어느 날 대감마님이 한포를 불렀으렷다 "내일 읍내 장이닌게 장에 댕겨와야 쓰것다" "야 알았구만이라, 대감마님" 이튿날 식전 댓바람에 대감마님이 한포를 찾을 적에, 아무리 찾아봐도 한포는 보이지 않았것다 그리허여 해도 다 빠진 저녁나절, 드디어 모습을 나타낸 한포를 보고 대감마님이 호통을 쳤으렷다 "네 이놈, 오늘 장 보고 와야 쓴다고 어지께 나(내)가 신신당부를 했등만, 대관절 어딜 그라고 싸돌아댕기다 인자 온단 말이냐?" "그랑께 지는 대감마님 심바람(심부름) 땜시 장에 댕겨왔는디요?" "뭣이여? 예끼 이눔아, 맨몸으로 털레털레 장에만 댕겨오믄 으짠단 말이냐 쯧쯧"

 살아생전 내 선친께선 쓸데없이 헛삽질만 하고 다니는 사람을 볼 때면
 저런 한포 같은 놈, 저런 한포 같은 놈, 하셨다
 꼭두새벽부터 일어나 사방팔방 파헤치고 다니는 오늘의

얼리버드*를 보셨다면

선친께서는 또 뭐라 하시며 곰방대를 탁탁 치셨을까

* early bird : 이명박 과장님께서 취임 때부터 주창한 말씀. 일찍 일어나는 새가 벌레를 다 잡아먹어 버린다나 어쩐다나.
 나는 사람이든 짐승이든 머리(센스·공감 능력) 나쁜 건 질색이다. 그런데 더 싫은 건 나쁜 머리에 부지런까지 떠는 사람이다.

술잔을 돌리면 뺨도 돌리라

세도정치가 판을 치며 세상이 썩어가던 조선 후기 때의 일이렷다
중인 출신 가객 정수동이 어느 대감 집에 묵었것다
대감 딸이 엽전 한 닢을 삼켜 한밤중에 온 집 안이 발칵 뒤집혔것다
정수동이 나서서 한 말씀 했으렷다
"그냥 배만 살살 쓰다듬으시면 됩니다
남의 돈 7만 냥을 삼키고도 멀쩡한 사람이 있는데
그깟 한 닢에 사람이 어찌 되겠습니까"
정수동의 기에 눌린 대감이 몇 달 전 받은 뇌물을 되돌려줬더란 야그것다

한번은 정수동이 양반들과 시회詩會를 벌일 때의 일이렷다
썩어빠진 이들과 술을 같이하는 것도 못마땅한데
양반들이 자신만 빼고 계속 잔을 돌렸것다
정수동이 돌아가는 술잔을 중간에 연거푸 가로채 마셨으렷다

참다못한 옆자리 양반이 정수동의 뺨을 때렸것다
 정수동은 바로 몸을 돌려 다른 쪽 양반의 뺨을 냅다 후려쳤으렷다
 뺨을 맞은 양반이 "뭐하는 짓이냐"고 호통을 쳤것다
 "저는 뺨을 돌리는 줄 알았습니다그려"
 태연자약 응수한 정수동의 야그 한 토막이었으렷다

잣대

한 30여 년 전인가, 김동건 씨가 진행하던 KBS 프로에
한때 YS 오른팔이던 고 김상현 의원이 출연해 창작인지
구전인지 모를, 지금껏 생각나는 한 얘기가 있다

바깥일로 바쁜 가부장적인 아버지가
여느 때처럼 밤늦게 들어왔다
어머니는 군소리 없이 밥상을 차리고
어린 장남은 아버지 진지가 끝나길
밥상머리에 무릎 꿇고 앉아 있다
주도酒道는 어른에게 배워야 한다며
맥주 한 잔을 따르게 한 아버지는
혼자 먹기 머쓱하기도
학교 다니는 아들이 대견하기도 하여 묻는다
"너 요새 학교에서 산수 배우지야?"
"네"
"그럼 이 맥주잔이 몇 센티쯤 되는 것 같냐?"
"음, 한 30센티쯤 되는 것 같아요"

"뭐라구? 아무리, 어떻게 이게 30센티야?"
의젓한 아들이 대견하여 재미 삼아 물어봤는데
너무 한심해 입맛이 확 달아난 아버지가 소리쳤다
"너 대체 학교에서 뭘 배우는 거야?
당장 학교에서 쓰는 자 가져와 봐"
아들이 가방에서 찾아 내민 자는
수업 시간에 조막만 한 손으로 만든
자그마한 30센티 자였다

사람들은 저마다
제가 만든 제 잣대로만
잰다 사람을
세상을, 종교를

늑으믄 어쩌, 까짓거

아부지 그 쩔룩거리는 다리로 워디를 가시남유
엄니 그 무거운 짐 지고 시방 누구헌티 가시는디유
여그 쪼깐 쉬었다 가셔유
가든 질 멈추고 허리 한번 펴보시래니께유

뒤돌아서 왔던 질 한번 보세유
흙먼지 폴싹이는 저 먼 질을 이때끗 걸어왔잖은게벼
걷다가 물팍 꺾여 주저앉기도 했잖은게벼
아그 적 묵던 삐비꽃 뽑다가 울컥 울음 쏟아두 봤잖여

저 푸르른 늦가실의 하늘 쪼까 보셔유
아스라하게 걸쳐 있는 오색 무지개 너므
머리 나풀거리며 그네 타든 아그 웃음 안 들려유?
마실을 휘휘 쏘다님서 쿵당대든 발소리도 들리잖유

오살 난다고 겁나게도 걸었는디 기끗 이 자리잖여
그라고(그렇게) 버거운 짐 들고 동동그랐어도 손에 쥔

건 별그 읎잖여

  인저 쉬엄쉬엄 가셔유
  허리 꾸부러지닝께 인자사 뵈는 꽃잔대도 만져보고
  쑥부쟁이 구절초 어울렁더울렁한 갈대밭에 앉어
  바람이 저녁놀 빗질하는 소리도 느껴봐유

  가다가 못 가믄 그뿐잉게
  그려도 안 늦어유
  잠(좀) 늦으믄 또 어쪄, 까짓거

어중간 귀

> 네가 집 밖으로 나가야 할 필요는 없다
> 네 책상에 머물러 귀를 기울이라
> 귀를 기울일 필요도 없이, 단지 기다리라
> 기다릴 필요도 없이, 절대적으로 침묵하고 혼자가 되라
> 네가 실체를 벗기도록 세상은 스스로를 제공하고자 네게 다가올 것이다
> ―카프카

인간 청각은, 한쪽 귓속만 해도 1만 6천 개쯤의 미세 신경세포로 이뤄져 있다 콩알 크기 달팽이관 속의 이 세포들은 기계적 소리 에너지를 뇌세포가 알아들을 수 있도록 전기신호로 바꿔준다 1백여 섬모형 털을 만들어 달고 있는 이 세포들은 귀 밖에서 들려오는 소리를 수동으로 바꾸는 역할에만 그치지 않고, 예민하고도 강렬할 만큼 팽창과 수축 작용을 되풀이한다

바람의 떨림이 다 소리는 될 수 없다
지구공 자전 공전 그 엄청나게 큰 회전도
내겐 결코 어지럼증이 될 수 없다

곤충들의 몸짓이나 숨소리도
산천초목 꽃 피고 움트는 울음소리도
천둥 번개 신의 목소리도
내 귀는 알아듣지 못한다

참말다운 말을 잃어버린 물소리와 햇빛
달팽이관을 닫은 채 떠도는 떠돌이별들은
어중간 귀만 달고 다니며 듣고 있다

오, 네 영혼의 눈은
어느 하늘눈썹 아래서 깜박이느뇨

흔들리는 배 위에서

앞바다엔 나가지 말거라 잉
어머니는 늘상 말씀하셨습니다
어린 나는 어머니의 속뜻을 알아차렸습니다
비단결 잔잔한 바다 안가슴엔
광포한 짐승들의 피비린내가 숨어 있다는 것을

그러나 사춘思春에 가본 그 바다는
나를 해치지 않았습니다
어머니의 말씀이 기우임을 알았지요
하릴없이 난 바닷가를 맴돌았고
웅장한 파도 소리에 실려 오는 비린내가
날이면 날마다 나를 달뜨게 했습니다

바깥 바람결에 묻어오는 소문마다
더 이상 나를 참을 수 없게 했습니다 결국
내 힘에 닿을 돛단배 한 척을 마련했습니다
한바다는 정말 끝도 밑도 없이 넓고 깊었습니다

섬에서 멀어질수록 항구는 아득해졌습니다

바람은 우우우 광포한 소리를 내질렀고
나는 있는 힘을 다해 배를 저었습니다
배 바닥엔 물이 들어차기 시작했지만
조심하라 일러줄 어머니는 옆에 계시지 않았습니다
가라앉을 듯 흔들리며 떠 있는 배 위에서
혼자 노를 저어 저 뭍에 닿아야 할 나는
이젠 어쩔 도리 없는 어른이 되어 있었습니다

통경론通經論

선비는 어떤 경經에 능통하고 계십니까
『서경』에 통하고 있습니다, 헌데
선비께서는 어떤 경에 능통하신지요
『시경』에 통하옵지요
옆에 가만 앉아 있던 기생이 거들기를
저에게는 왜 물어보시지도 않사옵니까
그럼 너는 무슨 경에 능통하고 있느냐
소녀는 월경에 능통하옵니다

월경은 일경一經이라,
그것참, 잘만 통한다면
매일매일을 일경日經 '불기'* 할 수 있나니

---

* '붉이', 즉 '밝게'의 고어.

사막을 횡단하다

인도 꾸리 사막의 밤하늘 은하수가
번뇌에 가득 찬 네 눈망울 속으로 쏟아질 때
낙타는 짜이 향의 깊고 푸른 입김을 내뿜었다
바람이 만드는 게 어디 몰이꾼들의 길뿐이겠는가
사막이랑으로 파이고 스며드는 데저트옐로빛의 상처
내버려 두어라 전갈은 그 속에서 시퍼런 독을 키우나니

짙푸른 효색 무렵 별들이 운행을 멈추면
또 다른 방향에서 불어오는 바람
구운 짜파티처럼 켜켜이 쌓이는 모래바람에
자이살메르는 황금빛 몸을 쉴 새 없이 뒤척인다
까실까실해진 두 눈 차마 뜰 수 없을 때 나는
4천 년을 건너온 낙타의 발바닥을 생각한다

물은 생명의 즈믄 불꽃

그래 너 불꽃, 오래오래 흘러왔구나
어둔 먹장 속
깊숙이 숨어 있다가
속울음 머금은 불송이로 날아 내렸구나

나를 안으시니
꽃바람 나를 안으시니
절로 불송이로 흘러내렸구나
꽃 진 자리에
절로 씨눈 뜨게 했구나

그래 너 불꽃, 이제사 꽃망울 터뜨려 보이누나
젖몽오리 사춘思春에
참꽃 불붙듯
하늘 우러러 뜨건 물방울로 다스려 오시더니

맑게 맑게 가라앉아 흘러온 얼

낮은 땅으로 스며들어 무량 자비로우셔라
잦은 그믐밤 아기별 몇 송이
푸른 몸거울 속
즈믄 불꽃으로 태어나셨구나

〈대운하 반대와 생명의 강을 모시기 위한 특별시집 『그냥 놔두라…』 수록 시(2008)〉

슬픔도 진하게 달이면

슬픔도 진하게 달이면
아린 향 풍기는
꽃이 되지

약초가 약이 되는 건
독이 있기 때문이듯

밤새 개 짖는 소리에
분분한 매화 이파리
깊은 잠 못 들것다

저눔의 징상시런 안개 땜시
꽃바람 든 에미는
또 길 잃것다

천지에
마음 둘 곳 없것다

4부

사람은 궁하면 거짓말을 한단다

광주 인구 80만 명에, 실탄 80만 발을 지급받은
공수부대는 '화려한 휴가'를 신나게 즐겼다
가능한 한 과격하게 최대한 잔인하게*
임무 수행 후 약속받은 점프 수당과 포상에 들뜬 그들이
광주에서 맞닥뜨린 건 한낱 살덩어리들
나약하기 그지없이 울부짖는 어린 짐승의 몸뚱아리였다

─계단을 올라온 군인들이 어둠 속에서 다가오는 것을 보면서도
우린 누구도 방아쇠를 당기지 않았습니다
방아쇠를 당기면 사람이 죽는다는 것을 알면서
그렇게 할 수가 없었습니다

─다섯 명의 어린 학생들이 2층에서 두 손을 들고 내려온 것은 그때였습니다
계엄군이 대낮같이 조명탄을 밝히며 기관총을 난사하기 시작했습니다
─그들은 무기를 버리고 항복하러 내려온 것이었습니다

아시겠습니까 그러니까 이 사진에서 이 아이들이 나란히 누워 있는 건
이렇게 가지런히 옮겨놓은 게 아닙니다
한 줄로 아이들이 걸어오고 있었던 겁니다

ㅡ더러운 죽음의 기억이
진짜 죽음을 만나
깨끗이 나를 놓아주길 기다리며
날마다 살아 있다는 치욕과 싸웁니다**

헬기 사격을 목격하고 증언한 고 조비오 신부에게
알츠하이머라는 전두환이 '가면을 쓴 사탄'이라고 했다
씨를 말려야 할 빨갱이 연놈들이라고 대중을 세뇌시켰다
빨갱이·종북·좌파만 들먹이면 만사형통이었다
비무장한 자국민들을 적으로 규정하여 무차별 학살하였다
M16과 박달나무 진압봉으로 민주주의를 압살하였다

써도 써도 줄지 않는 화수분인 29만 원을 들고

그가 한 발짝 한 발짝씩 제 발로
활활 타오르는 불구덩이를 향해 걸어가고 있다

뉴스를 보시던 엄마가 한 말씀 하신다
얘야
새는 궁하면 아무거나 쪼아 먹고
짐승은 궁하면 사람을 물고
사람은 궁하면 거짓말을 한단다

아무리 형편없는 진실일지라도
결국은 거짓말만큼 위험하지는 않다***
전 씨자氏者가 단 한 번만이라도 참회하기를
단 한 번이라도 인간이었던 적이 있었음을 상기하기를
아아, 천지신명이여

---

* 5·18 때 상부에서 공수대원들에게 하달한 명령.
** 한강 소설 『소년이 온다』 중에서.
*** 워터게이트 사건을 총지휘했던 〈워싱턴포스트〉 편집국장 벤저민 브래들리의 말.

적과에 대하여

보기에도 만지기에도 아까운
이제 막 생을 매단 애기 사과들
시방 나는 적과라는 이름으로
무소불위 전지가위를 휘두르는 중이다
아무 죄 없는 요런 이쁜 것들 말고
국민의 목숨 따윈 우습게 아는
정치·재벌·검찰·언론 그리고
스스로 그들 종 될 뿐만 아니라
우리 모두 그들 노예 되기 바라는 자들
천지신명이여 이 가위로 솎아낼 수 있다면

사과나무 아래 꿩이 알을 품고 있다
온 산엔 비린 밤꽃 내음 진동하고
뻐꾸기와 소쩍새는 이 산 저 산 다니며 불을 지른다
삶에 정성을 다하는 저런 이쁜 것들 말고
제 잇속 챙기기에만 급급해
남의 생명 따윈 안중에도 없는

그들을 솎아낼 수만 있다면 아아
신이여 당신의 존재를 보여주소서

이 기도를 수정한다
제발 저들을 오래오래 살게 하소서 하여
그들 죄악의 끝을 반드시 보게 하소서

낮의 길이가 가장 길다는 하지의 오후를
더디고 미세한 움직임으로
정의의 수레바퀴가 굴러가고 있다
수레바퀴의 그림자는
구르면서 점점 커져간다

잘 벼린 칼 한 자루

마음에 품으면
오래오래 향기로
남는 사람이 있다

먼 길 모롱이를 돌아
이제야 내게로 다다른 사람아
날 귀하게 만든 사람아

두고두고 가슴에 품으면
빛이 되는 사람이 있다

광활한 우주 저편
바다 건너 비로소
내게로 날아온 행성

그대만큼
날 아프게 한 이도 없다

잘 벼린 칼 한 자루
정수리에 내리꽂혔다

바람은
오래오래 삭히면
꽃대궁 흔들지 않아도
늘 향기로만 남아
약이 되는 사람이 있다

다시 바다로

햇빛 쏟아지는 강가강 가트에 앉아
온몸을 보석으로 치장한 무리들에
둘러싸인 화관花棺을 바라봅니다
화장火葬할 나무 한 단 더 살 돈이 없어
미처 다 태우지 못한 시신을
갠지스강 물결에 실어 보내는
남루한 부부도 있습니다
주검들은 곧 바람과 한 몸을 이루겠지요

강가강에 어둠살이 내리기 시작하면
릭샤꾼들의 발자국 소리 분주해지고
아르티 푸자를 알리는 음악이 연주됩니다
지상에서 피워 올리는 향불과 촛불을 흠향한
하늘의 별들이 운행을 시작하면
태곳적 마고할미의 숨소리가 들려옵니다

숨소리는 지금 막 당도한 바람에 실려

어느 외딴 바닷가 기슭에 가 닿아
향기로운 은빛 모래톱에 입을 맞춥니다
바다는 푸른 소리를 자아내며
흰 앞섶 열어 가슴 가득 품어줍니다

청보리밭을 거닐던 바람이
천수천안 꽃종을 보랏빛으로 울리다

한반도에 더 이상 전쟁은 없을 것입니다
이제 우리는 결코 뒤돌아 가지 않을 것입니다*

북과 남은 갈라져 살 수 없는 혈육입니다
오늘 내가 다녀간 이 길로
북과 남의 모든 사람들이 자유롭게 오갈 수 있게 되고
우리가 지금 서 있는 가슴 아픈 분단의 상징인 판문점이
평화의 상징이 된다면
하나의 핏줄 하나의 언어 하나의 역사 하나의 문화를 가진 북과 남은
본래대로 하나가 되어
민족 만대에 끝없는 번영을 누리게 될 것입니다**

남북 정상이 손을 맞잡고
군사분계선을 간단히 넘어갔다
간단히 넘어왔다
판문점 평화의집에서 발원한 뜨거운 눈물이

삼팔선 아래 갇혀 있던 빙하를 녹이고
백두대간의 상처 난 등허리를 쓰다듬으며
백두 천지로 한라 백록으로 솟구쳐 흐른다

청보리밭을 닐며닐며
바람이 불어온다
봉황이 오동나무 위에서
날개를 활짝 폈다
오동꽃 천수천안千手千眼 꽃종들이
온 누리를 보라성음聖音으로 어루만진다

〈판문점선언 기념 통일시집 『도보다리에서 울다 웃다』 수록 시(2018)〉

* 2018. 4. 27. 남북 정상의 '판문점선언' 후 문재인 대통령 기자회견문 중.
** 2018. 4. 27. 남북 정상의 '판문점선언' 후 김정은 국방위원장 기자회견문 중.

불온한 생각

인간은 언어를 가장 강력한 자기방어 기제로 발달시켜 왔음이 분명하다
화가 난 큰소리의 말, 비밀스런 귀엣말, 남을 설득하려는 말, 나를 알리려는 말, 사기 치기 위한 거짓말, 비난하는 말, 조롱하는 말, 말 같지 않는 소음들로 전락한
말, 말, 말
오늘도 여전한 말들의 상찬 속에
쉴 새 없이 놀리는 입속의 말들을 들여다본다

요즘 노래는 이미 언어로 소통되는 게 아닌가 보다
자국의 언어임에도 알아들을 수 없고
발음도 명확하지 않지만
젊은이들은 두 팔을 치켜들며 열광한다
몸짓과 눈빛은 이들의 명확한 신체 언어다

언어는 때때로 감정을 희석하며
거짓 수단으로도 사용되지만

얼굴은 타인이 볼 수 있는 나의 내면이다

생각이란 품고 있어야만 깊어지는가
뱉으면 뱉을수록 가벼워지는가 언어는

너의 눈빛과 표정만 보고도
그저 너의 손짓 발짓만 보아도
소통할 수 있었던 그날로 돌아가고 싶다
언어의 발달을 가로막는
나의 이런 생각은 불온한가

바보 노무현, 부엉이바위 아래로
힘껏 날아오르다

그것은 봉화산 부엉이의 잘못입니다
이 땅에서 날개 달린 새들은
아예 날아오를 꿈도 꾸지 말아야 했습니다
죽지를 편 채 머슴들 편에도
헐벗고 버림받은 이들의 편에도
그 누구 편에라도
손을 들어줘서는 안 되는 일이었습니다
남남북녀의 꽃다운 몸짓,
대보름날 초례청에 올라
맞절 하고 맞춤 출 약속도 접어야만 했습니다

이 또한 날개 부러진 부엉이의 죄입니다
권위주의의 목댕기를 벗어던진 채
검찰·경찰·국정원·국세청 나리들 모가지 줄을 풀어버린 죄
언론과 재벌들의 눈엣가시가 된 채
권력의 충견들 앞에 갈비뼈를 빼 던져 물어뜯게 만든 죄

지역이기주의 극복을 위해 바보를 자청한 죄
청와대를 날아 나와선
고향 농사꾼이 되려 했던 그 순진함의 죄
이것은 순전히 봉화산 부엉이의 잘못입니다

대한민국은 지금 팔을 걷어붙이고 나서서
온통 토목공사 중입니다
물길이란 물길은 다 틀어막히고
목숨이란 생목숨은 명줄 붙이지 못한 채
활활활 짓이겨져 떼죽임 당합니다
강바닥을 시멘트로 처바르는 것도 모자라
백성들 성난 아우성을 틀어막습니다
그들은 급기야
자신들의 두 귀에, 팔딱이는 심장에
견고한 옹벽을 치고 있습니다
1% 부자들을 위한 그들만의 정책으로
낙수 효과 운운하며 서민들을 현혹합니다

친애하는 국민 여러분은 여전히
우매한 족속이라는 말인가요 아아
선인은 모든 신념을 잃어버리고
악인은 강렬한 열정에 사로잡혀 있습니다*

죽지 잘린 당신의 잘못은 우리 탓입니다
절망은, 전 지도자를 압도하는** 걸로만
끝나지 않습니다 이 땅, 허리 잘린 우리의
이 절망을 어찌할 겁니까

초록 잎들 목마름에 누렇게 떠가던 그 오월
아, 그러나 당신은
기어이 다시 일어섰습니다
그대 날개 품안의 우리
우리 가슴 품속의 그대
촛불로, 휘황한 연등 꽃불로

다시금 활활 솟구쳤습니다

봉화산 부엉이바위 아래로
바보 노무현
힘껏 날아올랐습니다

〈노무현 대통령 추모 헌정시집 『고마워요 미안해요 일어나요』에 수록하고, 49재 때 봉하마을에서 낭송하다(2009)〉

* 시인 예이츠의 말.
** "절망이 전 지도자를 압도하다"(〈뉴욕타임스〉, 노무현 대통령 서거 논평).

지상에서의 아름다운 동행

어느 깊은 가을밤
잠에서 깬 제자가 울고 있었다
그 모습을 본 스승이 기이하게 여겨 제자에게 물었다
"무서운 꿈을 꾸었느냐"
"아닙니다"
"슬픈 꿈을 꾸었느냐"
"아닙니다 달콤한 꿈을 꾸었습니다"
"그런데 왜 그리 슬피 우느냐"
제자는 흐르는 눈물을 닦아내며 나지막이 말했다
"그 꿈은 이루어질 수 없기 때문입니다"
-영화 〈달콤한 인생〉(감독 김지운, 주연 이병헌) 중에서

"요참에 슨상님이 꼭 이기셔야 됩니다"

"암만, 그래야제라"

"오메, 인자 이 징한 시상도 다 끝나것구만이라"

"그라제라, 선상님만 되시믄 즈그들도 더는 오랑캐 짓 못 하것지라"

어릴 적, 아버지와 아저씨들의 숨죽이는 말소리를 들었습니다

전봇대엔 조심스레 하나 둘 벽보가 나붙었습니다

허나 그들은 지역감정을 부추기며
금품 살포 등 온갖 표 도둑질로
다시 정권을 잡았습니다 뒤이어 치러진 총선,
그들에게 당신은 눈엣가시였지요
지팡이는 그때 사고로 얻은 훈장이 되었습니다
신병 치료차 일본에 머물던 어느 날
그들은 계엄령과 10월 유신 선포로
장기 집권 야욕을 전면에 드러내며
당신을 현해탄에 수장하려 납치하는
'오랑캐' 짓을 또 한 번 저질렀지요

그로부터 10여 년, 엄혹했던 동국凍國에도
봄바람은 다시 불어왔지만 그것도 잠시
군홧발에 꽃 모가지 뭉텅뭉텅 떨어져 나가던 그 오월,
아버지의 오랜 꿈이었던 '선생님'은

내란음모죄로 또다시 끌려가고,
'폭도'들에게 점령당했다는 광주에서
얼굴에 허연 치약 바른 채 서방시장으로 계림동으로
휘달리던 여고생 딸자식 찾아 아버지는
해남에서 걸어 걸어 찾아왔습니다

"여러분이 흘린 피는 역사와 더불어 영원할 것입니다
심청이의 한은 심봉사가 눈을 떴을 때 풀리는 것입니다"
세계 양심들의 구명운동으로 석방되어
1987년 9월 8일, 사면 복권 후 처음 찾아간 망월동
광주 영령들 앞에서 당신은 끝내 통곡했었지요
당신의 통곡은 우리의 통곡이었습니다
인동초로 견뎌온 당신의 길이
곧 우리의 이정표였으니까요

아 그러나 당신
길고도 혹독했던 동토凍土에서

한국 정치 사상 최초로 정권 교체를 이뤄냈습니다
광주의 선연한 피로
대한민국 민주화를 밭갈이했습니다
하의도 바다 그 넓은 안섶으로
남과 북을 아울렀습니다

"행동하지 않는 양심은 악의 편이다"
외치던 그 굳건한 말씀, 아직 귀에 쟁쟁한데
지상에서 당신과의 만남은
다시는 꿈꿀 수 없는
참 아름다운 동행이었습니다

〈김대중 대통령 추모시집 『님이여, 우리들 모두가 하나되게 하소서』
에 수록(2009)하고, 1주기 추모식(김대중도서관)에서 낭송하다〉

꽃은 또 피는가
- 노회찬 당신

처음엔 멍했고 곧바로 눈물이 쏟아졌다
또 한 번의 이 비극이 민주주의를
우리나라를 뒷걸음치게 하는 건 아닌가
이런 얍삽한 생각부터 먼저 들었다
그가 할 말은 아니지만, JP는 정치는 허업이라 했다

−나중에 알았지만 다수 회원들의 자발적 모금이었기에
마땅히 정상적인 후원 절차를 밟아야 했다
그러나 그러지 않았다
어리석은 선택이었으며 부끄러운 판단이었다
잘못이 크고 책임이 무겁다
법정형으로도 당의 징계로도 부족하다
당의 앞길에 큰 누를 끼쳤다
사랑하는 당원들 앞에 얼굴을 들 수 없다
나는 여기서 멈추지만
당은 당당히 앞으로 나아가길 바란다*

드루킹이 말했다
"우리가 등 돌리면 어떻게 되는지 보여주겠다
미리 경고한다
노회찬까지 한 방에 날려버리겠다"

이 나라에선 돈 없는 진보에게만 유독 가혹한 도덕적 잣대가
　평생 노동자 편에서 기득권을 버리고 살아온
　양심 있는 정치인을 또다시 사지로 몰았다
　강판으로 만든 심장을 가진 높으신 분들은
　차떼기로, 사과 박스로, 박카스 박스로 차곡차곡 받아서
　꼭꼭 잘도 씹어 오래도 사시는데
　풀꽃 하나의 눈물에도 함께 울어야 했고
　작은 실수에도 부끄러움에 견딜 수 없었던 아아 당신

잠시 잠깐 당신을 원망한 적 있었다
2010년 한명숙과 서울시장 후보로 나와

야권 단일화 실패로 시장 자리를 빼앗겨
이명박의 무치즉무소불위無恥則無所不爲한
부끄럼 모르는 불도저 권력을 막지 못한 탓에

그러나 JP의 아전인수식 현란한 사자성어 아닌
민생과 직결된 품격 있는 언어를 구사한 정치인이
우리 정치판에 당신 말고 어디 있었나
답답한 가슴속을 후련하게 해주던 나지막한 촌철살인
우리는 그 사소한 복조차도 누릴 자격이 없음인가

잠자리와 일개미가 대륙을 분주히 오가고
나비와 꿀벌들은 태평양을 여전히 넘나든다
지상에 꽃 한 송이 피우기 위해
태양계 너머 먼 행성으로부터 불어오는 거친 바람
우리는 다시 또
두 눈 감지 않고 맞이할 수 있을까

* 노회찬 의원의 유서 중에서.

사슴에게

바람이 걸어온 길을
휘이휘이 뒤돌아보았습니다
청사슴을 좇다가 청산을 못 보진 않았습니다

저 넓디넓은 대륙, 그 광활한 품새를 빠져나와
아름다운 한 마을에 들어선 그대 수사슴
바람개비를 돌리기 시작했습니다

곳곳의 작은 초록바람들이 모여들었습니다
넘어져 있던 꽃기둥바람도
널브러져 있던 풀잎바람도
다락방에 숨어 있던 봄바람까지
누워서 바라만 보고 있던 강바람까지

큰 바람이 작은 꽃바람들을 불러 모았습니다
우-웅 우-웅 우-웅, 울대를 켜서 흔들고
몸까지 켜 흔들었습니다

여지껏 참아왔던 목청을 다 뽑았습니다
그제야 이웃 산천들도 가벼운 떨림을 시작합니다

가문 골짜기의 목마름은 목마름이 아니었습니다
오장구혈 다 갊아 든 이 땅의 기갈들
한여름 불타는 황토, 그 싯누런 물난리 뒤의 욕지기를
솔바람은 잔잔히 기슭을 내려와 어루만졌습니다

고산의 오우 풍류와 다산의 목민 실사구시로
저 초의의 다감한 조선의 다선일여茶禪一如로
추사, 소치를 이은 남도 서화書畵로
영랑의 지조 높은 모란 향기로
더불어 장단 맞춘 소전과 동주의 사형지정師兄之情으로

산바람은 여러 갈래 손짓으로 물길 다스리며
땅끝으로 돌아와 커다란 회리바람을 일으켰습니다
그러곤 혼신의 힘을 다해 젓대 가락을 뽑았습니다

젓대 가락은 울돌목 물마루를 후려쳤습니다
차향 안개로 해남 천지가 아득했습니다

* 우록友鹿 김봉호 선생 출판기념회 축시로, 좀체로 축시를 쓰지 않는 탓에 특히 사람에 관한 축시는 이때껏 딱 한 사람밖에 없다. 그만큼 해남의 자존 우록 선생을 흠모한 정이 깊다. 우록이라는 호는, 우리나라에서 서예라는 말을 최초로 창안했으며 추사의 〈세한도〉를 일본에서 되찾아 온 소전 손재형이 지었다. 시에서의 동주는 「강강수월래」「혼야」의 해남 이동주 시인이다.

  해남에는 보리봉호와 쌀봉호가 있다. 두 분이 종씨로, 쌀봉호는 국회의원 5선을 지낸 김봉호, 보리봉호(1924)는 이 시의 주인공으로 나오는 작고(2003)하시기 전까지 최고의 술친구였던, 〈동아일보〉 신춘문예에 희곡 「타령」으로 등단(1973)한 극작가이다. 선생이 쓴 창극 〈황진이〉는 국립창극단에 의해 국립극장에 올려졌으며, 그 후 김대중 대통령 노벨평화상 수상 기념으로 노르웨이에서, 그리고 금강산문화회관에서 공연되었다.

  초의 선사의 『초의선집』을 간행(1977)했으며, 차인들의 성지인 일지암(安息在一枝 : 뱁새는 언제나 한마음이기에 나무 끝 가지 하나에 살아도 편안하다—당나라 한산의 시)을 복원(1980)하고 한국 최초로 차 월간지 《다원》을 발간(1983)하는 등 한국 차문화의 새로운 전기를 만들었다. 또한 청탁 불가 접대 불가의 초창기 〈해남신문〉(1995)을 일궜다.

  작가 이청준은 〈서편제〉 촬영을 위해 임권택 감독과 주연배우들을 대동하고 선생께 찾아가 그 유명한 청산도 장면 등을 자문받았으며, 선생은 소설과 영화 〈축제〉에 지관으로 등장하듯 실제로 이청준의 어머니 묘소를 택지했다.

내내 그대만을 사랑했다
– 제35차 '스트루가 국제 시 축제'에 다녀와서

섭씨 영하 50도를 오르내리는 허공을
딱 주저앉고만 싶은 얼음 솜밭을
열한 시간이나 냉동 그물에 갇혀
내내 박노해를 사랑했다

떠나고만 싶었다
멀리멀리 떠나고만 싶었다
내 지금 금속 이승 떠난다면
어느 만큼이나 갈 수 있을까
앉은 이 자리의 묶인 밧줄을 풀어 헤친다면

하나님, 제발 나를 솎아내 주세요*
제발 나를, 제발
지금 솎아내지 않으려면
영원히 솎아내지 마세요
시간의 파란 끈 풀릴 때까지

무한 공간을 날며
광섬유 같은 빛의 끈을 생각함은
그대 냉동된 달빛 때문이다
그러나 한 마리 은빛 새가 천상에서 지상으로 내려올 때
어느새 아침 나라엔 언 달빛 풀려 있었다
알렉산더 대왕 이마에 반짝이던 그 햇빛만 환했다

내내 파스칼 길레브스키**를 사랑했다
내내 레바논의 백향목 아도니스***를 사랑했다
내내 스트루가 오흐리드의 여름 호반을 사랑했다

* 박노해 시인의 『사람만이 희망이다』에서 이미지 차용.
** 마케도니아 작가동맹 위원장으로, 제35차 '스트루가 국제 시 축제' 주재.
*** 아랍 대표 시인으로 시리아 출신이며 정치적 망명 생활을 하다 레바논 국적 취득. 1996년 제35차 '스트루가 국제 시 축제'에서 '세계시인상' 수상. 이후 몇 년간 노벨문학상에 후보 지명. 국내 화남출판사에서 『바람 속의 잎새들』 출간.

칠석날 별자리

칠월 칠석날
자리 펴고 혼자 눕다

한숨도 못 자고
아무도 만나지 못하다

먼 날 홍수 뒤에도
직녀는 백산白山 내려올까

아리아리 아리수
물결 도는 날

은빛 하늘소 데리고
견우는 내려올까

해금강 어리어리
용천 금강산을 닐며닐며

미리내 은회빛 여울이
남북 동해물로 합수한다
칠월 칠석날은

〈통일시선『어서 너는 내게로 오라』수록 시(2003)〉

정선을 보았다

아마도 이른 봄, 그때쯤이었을 게다
굽이굽이 아우라지 올동백꽃은
물길 따라 지조롭게 피어나고
찌이찌이 동박새 노랑 울음 빛날 때
아스라한 절벽 틈 사이로
빨가장히 피고 지던 동강할미꽃들

어쩌면 늦겨울, 거기쯤이었을 게다
함백산 주목나무 친견하고 돌아오던 날
천 년 이생 못 산다고
후생 천 년 품지 못할까
눈밭 이랑에 찍은 생의 발자국들
바람결에 가뭇없이 흩어져 갔다

"서산에 지는 해는 지고 싶어 지나"
몰운대 구름으로 떠돌던 아라리 가락
오장폭포 위 무지개로 피어오른다

화암동굴 종유석에 매달린 생멸의 그림자
그래 잘 가라, 한때는 순결했던 영혼이여
민둥산 너머로 신생하는 당신을 보았다

〈정선아라리 축전 낭송 시(2016)〉

눈멀고 귀먼 자들의 나라
- 세월호 참사 1주기에

목련은 꽃등 달아 어둔 밤길 비추고
가장 낮은 곳에서도 구슬붕이는 꽃 피운다
선혈 낭자히도 처연한 마량포 동백 위로
네 목울대의 떨림처럼 봄비는 흐느끼는데
끝내 돌아올 줄 모르는, 나의 너여

네가 떠나던 날의 그 아우성들은
불 꺼진 홍원항의 등대처럼
시나브로 잊혀만 가고
다시금 소리 없이 울려오는 조종 소리
귀 기울여 듣는 이 몇몇인가

지금 대한민국은 안온하여라
생꽃다지 꺾여가며 우리에게 되짚어준 진실은
세월호와 함께 바다 깊이 수장한 채
눈멀고 귀먼 자들의 평온한 나라
대한민국은 참으로 아름다워라

이젠, 부디 나의 너여
지상에 떨구었던 눈물주머니는 거두고
천지에 사월 봄꽃 향기 가득한
창공을 노래하는 새가 되어라
높고도 청아한 휘파람새가 되어라

〈세월호 3주기 추모시집 『꽃으로 돌아오라』 수록 시(2017)〉

---

* 일국의 대통령이라는 그녀는 세월호 침몰 1년 만에 처음으로 '세월호'라는 단어와, 이 배의 조건부 인양을 언급했다. 그러나 그로부터 2년이 지나 그녀가 탄핵되어 파면(2017. 3. 10.)당한 후, 3월 22일에야 인양은 시작됐다. 이게 대한민국의 민낯이다. 필사적으로 세월호와 그 진실을 수장하려 했던 그들은 여전히 국회를 점거하고 있다.
 "모든 나라의 국민은 그 수준에 맞는 정치인을 갖는다."(윈스턴 처칠)

21세기 캐치프레이즈

몬산토 주식 20%를 소유한 빌 게이츠가
기아에 허덕이는 아프리카 짐바브웨에
GMO 곡식을 무상 원조하려다 거부당했다
아무리 배고파도 사람이 먹어서는 안 될
GMO는 받지 않겠다는 이유였다

세계에서 두 번째 GMO 수입국인 우리나라
1등은 일본이나 주로 사료용이다
우리 농진청은 GMO 종자가 150여 종이다
스스로 유전자 쌀도 만들었다
지평선 들녘 GMO 벼 시험포의 화분들이
징게 밍게 외배미*를 자유로이 날아다닌다

밥상뿐 아니라 국가정책을 좌지우지하는 몬산토
1년 매출이 우리나라 연간 예산과 맞먹는다
다국적기업들은 세계 곳곳에 전쟁을 일으키며
후진국 노동자들에게 낮은 임금을 지불한다

자원을 빠른 속도로 고갈시키고
갖은 환경오염을 일으킨다

신자유주의 근간 논리는 공동체 이념의 배제다
교육·의료·복지 등 공공서비스 민영화에 혈안이다
경쟁력 제고를 명분으로 기업 감세를 추진한다
자본의 이윤을 위해 온갖 규제를 철폐한다

세계 인구 중 하위층 20%는
세계 총소득의 1%도 못 된다
강한 나라는 더욱더 강하게
부자들은 점점 더 부유하게
대명천지 21세기의 캐치프레이즈다

---

* 조정래 소설 『아리랑』에 나오는, '김제 만경 너른 들'의 향토 말.

우리 모두의 통일은

내가 바라는 통일은
봄비의 작고 낮은 옹알이로 온다
여리고 순결한 연둣빛 이파리들이
가벼이 몸을 떤다

당신이 원하던 통일은
오뉴월 풍만한 달그림자가 지신 밟으며 온다
노루와 토끼와 고라니는 짝을 찾아 밤새 목청 돋우고
보라매*와 호랑이는 백두대간을 단걸음에 넘나든다

당신과 내가 맞이하는 통일은
고조선 용마루 위 맑고 푸르른 가을 하늘에서 온다
천 년을 영지석불상**에 갇혀 있던 아사녀가
흰옷 입은 아사달을 만나 뭉게구름으로 포개진다

모두가 꿈에도 그리던 우리의 통일은
백두산 자작나무 숲의 순백한 첫눈으로 온다

태고부터 하나였던 볼이 붉은 신랑 신부가
섬돌 위 용화석을 지나 초례청에 들면
꽃살창에 번져 퍼지는 청사등롱 그리메
살풀이 춤사위 눈송이와
깊고 부드러이 입을 맞춘다

* 북한의 국조.
** 아사녀가 석가탑을 만들던 아사달을 찾아가 탑 완성을 기다리다 지쳐 영지에 몸을 던져 죽은 후, 아사달이 그녀를 위해 만들었다는 영지석불좌상.

저 황홀한 촛불의 향연

어둠 속에 오래 머물러 있을수록
갑자기 나타난 불빛은
눈을 찌르는 통증으로 온다

시퍼런 죽창 하나씩 가슴속에 꽂은 채
진눈깨비 맞으며 환하디환한 잇바디들
저 땅끝 해남에서부터 트랙터는 지축을 울리고
홑바지에 짚신으로 우금치를 넘던 갑오년
그 우렁찬 함성으로 광장은 다시 일어섰다

손에 손엔 팔딱이는 심장 오롯이 꺼내 들고
붉디붉은 생명의 노래 부르는 이 누구인가
흰 입김 내뿜으며 희망의 찬가를
목 놓아 부르는 그는 누구인가
작은 반딧불이 모여 촛불의 바다가 되었구나*
그 바닷물이 격노하여 배를 뒤집어엎는구나**

오, 황홀하여라 눈부신 촛불의 향연이여
영원히 꺼지지 않을 불의 제의여
한겨울 동토에서 피어나는 강인한 들꽃이여
미망의 깊은 잠 털고 깨어나는
나비 떼들의 춤사위가 훨훨 북악산을 향한다

다시는 우리의 노래 잊지 않으리
다시는 우리의 정신 잃지 않으리
다시는 불편한 진실
외면하지 않으리

연기처럼 소리 없이 스며드는 불의의 그림자
다정한 벗으로 다가와 손 내미는 악의 그림자에
다시는 덩더꿍 더덩실 깨춤 추지 않으리

어둠 속을 오래 헤매본 사람은 안다
어렵사리 찾아낸 꼬투리불 그러모아

흰밥은 따숩게 구들장은 따땃하게
불 지펴 소중하게 간직하는 법을 안다

작은 반딧불이 모여 촛불의 바다가 되었다
그 바닷물이 격노하여 배를 뒤집어엎는다

〈천만촛불 광장의 시 『촛불은 시작이다』 수록 시(2017)〉

---

* 노적성해露積成海 : 작은 이슬이 모여 바다를 이룬다.
** 군주민수君舟民水 : 물은 배를 띄우기도 하지만 배를 뒤집기도 한다.
 (교수들이 뽑은 2016년을 규정한 사자성어 3, 1위)

| 해설 |

한, 삭힘 혹은 '그늘'에 이르는 길

이재복 문학평론가·한양대 교수

　김여옥의 시를 읽는 것은 시인의 아픈 정서에 동참하는 일이다. 이 아픔은 간혹 판단 정지를 불러올 만큼 정서의 과잉을 가져오기도 한다. 하지만 그것은 낭만주의자의 정서 과잉처럼 대책 없이 흘러넘치지는 않는다. 이것은 시인이 그 아픈 정서를 적절하게 맺고, 어르고, 풀고 있기 때문이다. 만일 아픈 정서가 어르고 푸는 과정 없이 맺힌 채로 있다면 그것은 정서의 과잉이나 파탄을 초래할 위험성이 있다. 이런 점에서 맺힌 정서를 어르고 푸는 과정은 시인의 내면 깊숙한 곳에 자리한 숨겨진 차원의 정서를 드러내는 일에 다름 아니다. 우리가 흔히 한국인의 독특한 정서로 이야기하는 '한恨'이란 바로 이러한 맺힌 것을 어르고 푸는 과정에서 드러난 세계라고 할 수 있다. 한국인의 독특한 정서인 이 한이 어떻게 발생한 것이냐에 대해서는 여러 사회·역사적인 조건을 따져봐야 하지만 분명한 것은 그 한을 맺힌 채로 두지 않고 어르고 풀어야 하는 것으로 인식해왔다는 사실이다.

그런데 마음에 응어리지고 맺힌 것으로서의 한은 저절로 풀어지는 것이 아니다. 그것은 적극적으로 한을 풀려는 의지와 행위가 동반될 때 가능한 것이다. 한은 화를 삭이고 마음을 가라앉히는 차원을 넘어 그것을 다른 차원에 이르게 하는 적극적인 '삭힘'의 과정이 필요하다. 우리는 이를 위해 말을 하거나 노래를 하거나 춤을 추기도 하는데, 이 한풀이의 가장 이상적인 방식은 이들을 동시에 행하는 것이라고 할 수 있다. 말·노래·춤이 하나가 되어 한을 풀어내는 대표적인 것으로 굿이나 탈춤 같은 양식들이 있다. 굿은 몸속에 신령이 깃들고 그 신령을 매개로 몸 밖의 신들과 교접하여 신명을 불러일으키는 양식이고, 탈춤은 신이 깃든 탈을 쓰고 마당이라는 열린 공간에서 관객과 호응하면서 인간 세상의 '온갖 궂은일이나 변고·액·재앙 등으로 인해 맺힌 응어리를 풀기 위해 까탈 부리며 거짓 꾸며 춤추고 노는 행위'를 통해 신명을 불러일으키는 양식이다.

이 탈춤 혹은 탈판에서는 현실에 주저앉아 함몰되어버리는 자도 없고, 현실을 무시한 채 지나치게 미래를 낙관하는 자도 없다. 이 놀이판에는 '신명 난 살풀이로서 현실에 대들면서 그것을 향유하는 자'만이 있다. 우리 민족 혹은 우리 민중들이 '눈물 어린 웃음과 함께 능청스러운 공격적 친화력'(채희완)으로 모질고 고통스러운 세월을 잘 감내하면서 살아올 수 있었던 힘의 원천이 바로 여기에서 비롯된 것이라고 할 수 있다. 이런 점에서 우리에게 탈판과 같은 놀이판은 곧 '살판'(심우성)이었던 것이다. 이것은 마치 '난장판'이 신명 혹은 신명풀이의 절정으로 소멸과 생성의 경계에 놓여 있는 상태와 다르지 않다. 이 살판이나 난장판에서 중요한 것은 죽을 판을 살판으로 바꾸고, 살판을 죽을 판으로 바꾸는 주체가 바로 우리 혹은 나 자신이라는 사실이다.

탈춤이나 굿을 통해 알 수 있듯이 한은 우리 혹은 시인의 최종 목적이 아니다. 우리(시인)가 추구하는 궁극은 한을 넘어서는, 다시 말하면 한을 풀어 '신명'에 이르는 것이다. 이런 점에서 신명은 한을 풀어야 이르게 되는 그런 세계를 말한다. 신명이 이러하다면 그것은 삶의 온갖 궂은일이나 변고·액·재앙 등과 같은 신산고초辛酸苦楚는 물론 미와 추, 이승과 저승, 지상과 천상, 기쁨과 성냄, 슬픔과 즐거움, 성스러움과 통속함, 남성과 여성, 젊음과 늙음, 이별과 만남 등 상대적인 것들을 하나로 어우러지게 하는 과정을 거친 후에 이르게 되는 세계라고 할 수 있다. 이것이 가능하기 위해서는 이 상대적인 것들을 삭히고 견디는 인욕정진忍辱精進하는 삶의 자세가 있어야 하는데 그것이 바로 '그늘'인 것이다. 가령 판소리에서 '그 사람의 소리에는 그늘이 있어'라고 할 때 그 그늘은 단순히 목에서 나는 소리로만 얻어질 수 있는 것이 아니라, 삶 속에서 직접 몸으로 온갖 것들을 삭히고 견디는 과정을 거친 이후에야 얻어질 수 있는 것이다. 이렇게 '소리에 그늘이 있으면 그 소리는 우주도 바꿀 수 있다'고 말한다. 어쩌면 이 말은 과도한 수사로 들릴 수 있다. 하지만 우리가 여기에서 간과하지 말아야 할 것은 이 말 속에 내재해 있는 진정한 삶의 궁극에 이르려는 소리꾼의 열망과 의지이다.

이러한 열망과 의지는 시인의 경우에도 잘 드러난다. 『잘못 든 길도 길이다』에서 시인이 궁극적으로 이르려는 것 역시 삶의 과정에서 응어리진 마음을 어르고 달래서 그것을 신명 나게 풀어내려는 그늘의 세계라고 할 수 있다. 시인의 그늘은 삶의 과정에서 발생한 여러 사건들 중 특히 죽음에 대한 자의식을 통해 드러난다. 죽음은 인간이 맞닥뜨려야 하는 숙명 같은 것이지만 그것이 일정한 생의 보편적인 흐름 속에서 발생한 것이냐 아니면 우연히 돌발적인 상황 속에서 발생한 것이냐에 따라 응어리진 마음의 정도는 다르다고 할 수 있다. 시인의 그늘은 후자와의 만남을 통해 보다 강렬한 존재성을 드러낸다. 이때의 충격을 시인은

어린 내가 왜 그의 발을 잡고 있었는진 모른다 갑자기 서늘한 냉기가 손바닥을 타고 온몸을 엄습했다 지금의 나보다 더 어렸던 어머니가 미친 듯이 울부짖었다 아가 아가 내 아들 준열아,

눈을 떠라 어여 눈을 떠봐라 생때같은 내 새끼야 나를 두고 어디 가냐……

40여 년 전, 장꾼들의 흥정하는 소리만 점점 더 높아가던 해남 화산花山 장날이었다

나뭇잎 떨어지는 소리에
아기 다람쥐가 화들짝
도토리 떨어뜨리고
우주는 아주 잠깐
숨을
멈. 췄. 다
―「지知, 천명天命」 부분

라고 고백하고 있다. 시인에게 어린 시절 맞닥뜨린 오빠의 죽음은 "갑자기 서늘한 냉기가 손바닥을 타고 온몸을 엄습"한 감각적 기억으로 환기된다. 온몸으로 오빠의 죽음을 맞닥뜨린 시인에게 그날은 존재하는 모든 것이 정지된 상태로 기억될 뿐이다. 마치 존재의 블랙홀처럼 한번 빠지면 헤어 나오기 힘든 세계 속으로 자신의 온몸이 빠져들게 되면 시인은 '이상적 에고'라는 자기 동일시의 늪에 빠질 수밖에 없다. 어린 시절 본 오빠의 죽음이 지천명이 되어서도 드러난다는 것은 이것이 끊임없

이 시인을 반복적으로 추동하고 있다는 것을 의미한다.

 이렇게 오빠의 출몰이 반복적인 데에는 그것을 매개하는 대상이 존재하기 때문이다. 시인에게 그 대상은 '어머니'이다. '어머니의 미친 듯한 울부짖음'이 잘 말해주듯이 어머니는 "생때같은" 자식을 앞서 보낸 트라우마를 앓고 있는 존재이다. 시인은 이런 어머니와 자신을 동일시한다. 지천명의 나이에 시인은 "지금의 나보다 더 어렸던 어머니"를 불러낸다. 시인의 이 호출은 중층적이다. 시인은 어머니에 자신을, 혹은 나 자신에 어머니를 투사하고 있다. 이것은 나와 어머니를 동일시하려는 욕망을 드러낸 것으로 볼 수 있다. 시인은 어머니와의 동일시를 통해 오빠에 대한 자신의 상처를 들추어내고 있는 것이다. '지금의 나'와 '과거의 어머니'가 하나의 차원에 등가로 존재함으로써 오빠에 대한 상처는 쉽게 사라지지 않은 채 자꾸 덧나게 되고, 그로 인한 시인의 마음의 응어리는 더욱 응축되어 깊은 한을 이루게 된다.

 오빠에 대한 이러한 깊은 한은 욕망(결핍)의 속성상 시인이 살아 있는 한 계속될 수밖에 없다. 하지만 시인의 한은 단순한 개인 차원의 문제로 수렴되지 않는다. 시인의 한은 개인이나 가족 차원의 그것을 넘어 집단이나 사회 공동체 차원의 문제로 확장되어 드러난다. 오빠의 죽음 같은 그런 갑작스럽고 황당한 죽음이 집단이나 사회 공동체 차원에서 발생한 것이다. 오빠와 같은 "생때같은" 생명들이 국가권력에 의해 무참하게 짓밟히고 살육당하는 일이 벌어진 것이다. 국가권력 혹은 국가권력의 하수인들에 의해 자행된 폭력은 인간의 이성이나 합리성의 차원을 훌쩍 뛰어넘어 야만과 광기의 차원을 드러내고 있다. 이런 점에서 폭력으로 인한 마음의 응어리진 한을 풀기 위한 방법과 그것에 대한 모색은 야만과 광기의 실체를 투명하게 밝히는 일만큼이나 어려울 수밖에 없다. 야만과 광기로 가득 찬 폭력은 신성하고 존엄한 생명의 존재를 "한낱 살덩어리"와 "짐승의 몸뚱아리"로 간주하여 그것을 "가능한 한 과격하게 최대한 잔인하게"(「사람은 궁하면 거짓말을 한단다」) 살육하는 일을 망설임 없이 저지르고도 여기에 대해 어떤 죄책감이나 부끄러움을 느끼지 않는 철면피한 속성을 드러낸다.

시인은 이러한 권력에 분노한다. 하지만 시인의 분노는 외적 대상으로만 향하지 않고 자기 자신을 겨냥한다. 야만과 광기로 가득 찬 상황에서 시인은 자기 자신이 가졌던 태도와 행위를 돌아본 것이다. 이것은 야만과 광기로 가득 찬 권력이 지니지 못한 반성과 성찰의 모습을 드러낸 것이라고 할 수 있다. 자기 자신에 대한 반성과 성찰의 과정에서 시인은 심한 부끄러움을 느낀다. 시인은

　살아 있는 것만으로도
　다행스러워 노래 불렀다
　남아 있는 것만으로도

부끄러운 노래가 되었다
그날 나는 거기에 있었고
그날 나는 거기에 없던
노래만 불렀다

곱디곱던 빛의 입자
가뭇없이 사라져가고
말잔치만 무성하던 무등산 자락 아래
그곳에서 나는 날고 있었다
숨죽여 핀 진달래 모가지만 뚝뚝 꺾이는 걸 보면서
무르팍마저 푹푹 꺾이는 걸 보면서
죽은 듯 엎드려 노래 불렀다
-「오월의 노래-산새 이야기 1」 부분

고 고백한다. 시인이 느끼는 부끄러움은 두 가지 차원으로 드러난다. 하나는 '5월의 현장에 없던 노래만 부른 것'에서 느끼는 부끄러움이고, 또 다른 하나는 '남아 있는 혹은 살아 있는 것'에서 느끼는 부끄러움이다. 5월의 현장에서 많은 사람이 피 흘리며 죽어갈 때 현장에 있었지만 그 현장을 똑바로 직시하지 못하고 '죽은 듯 엎드려 거기에 없는 노래만 불렀던' 자기 자신의 비겁함에 대한 부끄러움은 마음의 응어리, 다시 말하면 한으로 남을 수밖에 없다. 이렇게 자기 자신에 대한 부끄러움을 아는 자에게는 살아 있는 것 자체가 고통이고 슬픔이다. 우리는 이 고통과 슬픔을 브레히트의 「살아남은 자의 슬픔」에서 본 적이 있다. 5월 광주에서 혹은 아우슈비츠 수용소에서 벌어진 끔찍한 비극은 가해자의 차원을 넘어 우리 인간의 심연에 자리하고 있는 악마성과 인간 본연의 양심에서 우러나는 부끄러움에 대해 성찰하고 반성하는 계기를 제공한다.

  5월의 현장에서 느낀 부끄러움은 '노무현 대통령'(「바보 노무현, 부엉이바위 아래로 힘껏 날아오르다」)과 '노회찬 의원'(「꽃은 또 피는가-노회찬 당신」)의 죽음을 노래한 시에서도 드러난다. 시인은 이들의 죽음에 대해 몹시 안타까워한다. 그것은 이들이 추구했던 순수와 이상이 타락한 현실의 벽에 부딪혀 좌절되었기 때문이다. 이들은 현실의 음험함을 알면서도 바보스러울 정도로 순수하게 그 속으로 자신의 모든 것을 투사하면서 밀고 간 사람들이다. 그런 사람들이었기 때문에 시인은 이들의 죽음을 보고 심한 부끄러움을 느끼는 것이다. 시인이 볼 때 정작 바보는 노무현이 아니라 그의 순수함을 이용하고 왜곡하여 자신의 영악함을 감추려는 자들이거나 아니면 도덕 불감증에 걸려 자신이 저지른 악행에 대해 어떤 반성도 하지 않은 채 호의호식하는 그런 자들이다. 이런 맥락에서 볼 때 이들을 죽음으로 내몬 것은 바로 이와 같은 영악함과 도덕 불감증으로 가득 찬 우리 사회와, 그것을 작동케 하는 권력 집단이라고 할 수 있다. 시인의 부끄러움은 이 부조리하고 모순에 가득 찬 사회를 바로 잡지 못하고 그 속에서 삶을 영위하는 자신에 대한 반성의 과정에서 비롯된 것일 터이다. 바보스러울 정도로 순수하고 도덕적인 사람들은 자신이 행한 것에 대한 부끄러움을 알기 때문에 죽음도 마다하지 않는다. 하지만 이들이 속해 있는 사회는 부끄러움을 모른다.

이러한 모순과 부조리로 가득한 사회에서 부끄러움을 느끼며 산다는 것은 시인이 그러한 사회와 대결하면서 팽팽한 긴장 관계를 유지하고 있다는 것을 말해준다. 사회의 모순과 부조리가 커질수록 시인의 부끄러움 역시 커질 수밖에 없고 그 과정에서 마음의 응어리가 생겨나는 것이다. 마음에 맺힌 응어리는 풀어야 한다. 그 응어리는 시간이 지나면 저절로 풀어지는 것이 아니다. 시간이 아니라 그 응어리를 덧나게 하는 어떤 매개가 존재해야 하고 또 이 매개를 통한 시인의 적극적인 의지와 태도가 필요한 것이다. 시인은 이러한 조건을 모두 지니고 있다. 무엇보다도 시인이 느끼는 부끄러움이야말로 그것을 추동하는 가장 중요한 힘이다. 이 부끄러움이 시인으로 하여금 세계와 깊은 관계를 맺게 하고, 그 과정에서 몹시 원망스럽고 억울하거나 안타깝고 슬퍼 응어리진 마음이 생겨난다. 응어리진 마음을 풀지 않고 두면 한은 더 이상 다른 차원(신명이나 그늘)으로 나아갈 수 없다. 한과 같은 마음의 응어리의 맺힘 못지않게 그것을 어르고 푸는 것이 중요한 이유가 바로 여기에 있다.

한풀이란 마음의 응어리를 삭히는 것이다. 한이 독특한 마음의 구조라면 그것은 삭힘의 정도와 과정 때문이다. 마음은 물질이 아니기 때문에 그 존재성을 밝히기가 어렵다. 마음의 크기와 형태, 깊이와 정도를 헤아리기가 결코 쉽지 않다. 이 사실은 마음이 불투명하고 초월적인 동시에 추상적이고 포괄적인 속성을 지닌다는 것을 의미한다. 마음의 이런 속성은 우주의 본체를 정신적인 것으로 보며, 물질적 현상도 정신적인 것의 발현이라고 보는 유심론의 그것과 무관하지 않다. 마음 혹은 마음먹기에 따라 세계의 형상과 의미가 달라질 수 있다는 것은 마음의 응어리를 어떻게 어르고 푸느냐에 따라 그것의 구체적 실체인 한의 존재성이 결정된다는 것을 말해준다. 마음에 맺힌 응어리는 대립되는 감정이 극한에까지 이를 때 견고해진다. 그것은 때때로 틈이 보이지 않을 정도로 견고해 보이기도 하고 또 어떤 때에는 여기저기 구멍이 숭숭 뚫려 있는 것이 선명하게 드러날 정도로 허술해 보이기도 한다. 이렇게 보이는 것은 그 모든 현상이 마음 내에서 이루어지기 때문이다.

마음에 품으면
오래오래 향기로
남는 사람이 있다

먼 길 모롱이를 돌아
이제야 내게로 다다른 사람아

날 귀하게 만든 사람아

두고두고 가슴에 품으면
빛이 되는 사람이 있다

광활한 우주 저편
바다 건너 비로소
내게로 날아온 행성

그대만큼
날 아프게 한 이도 없다
잘 벼린 칼 한 자루
정수리에 내리꽂혔다

바람은
오래오래 삭히면
꽃대궁 흔들지 않아도
늘 향기로만 남아
약이 되는 사람이 있다
-「잘 벼린 칼 한 자루」 전문

'마음의 현상학'이라고 할 정도로 시인의 마음 세계를 잘 드러낸 시이다. 시인에게 마음이란 천지 만물을 순화하고 정화하여 정수리에 이르게 하는 그 무엇이다. 시인의 마음 내에서는 자신의 "정수리에 내리꽂"힌 칼도 "향기"가 되고 "빛"이 된다. 어떻게 이런 일이 가능할까? 이 물음에 대한 답은 마음에 있다. 마음 내에서는 이런 일이 가능한 것 아닌가? 물질의 차원에서라면 칼이 향기와 빛이 되는 일은 일어나지 않는다. 하지만 마음에서라면 사정이 달라진다. 여기에서는 칼·향기·빛의 물적 차이는 의미가 없다. 따라서 이 차이로 인한 전이와 융화의 불가능성은 존재하지 않는다. 마음의 차원에서는 모든 것이 삭힘의 대상이 된다. 물질의 차원에서는 칼을 삭혀 향기와 빛이 될 수 없지만 마음의 차원에서는 그것이 가능하다. "오래오래 삭히면" 칼이 향기나 빛이 되기도 하고, "바람은" "꽃대궁 흔들지 않아도/ 늘 향기로만 남"기도 한다. "오래오래 삭히면"이라는 전제를 통해 알 수 있듯이 마음에 응어리진 한은 오랜 삭힘의 과정을 통해 얻어질 수 있는 것이다.

  오래 삭히면 바람이 향기로 남듯이

    슬픔도 진하게 달이면
    아린 향 풍기는
    꽃이 되
    ―「슬픔도 진하게 달이면」 부분

고, 물은

> 어둔 먹장 속
> 깊숙이 숨어 있다가
> 속울음 머금은 불송이로 날아 내
> −「물은 생명의 즈믄 불꽃」 부분

리기도 한다. 또

> 세상 오만 곳에서 묻혀 온
> 비린 바람의 흔적들
> −「지극히 높은 향기」 부분

은 "지우고 남을 향긋함"이나 "순정한 어여쁨"(「지극히 높은 향기」)이 되기도 한다. 마음 차원의 삭힘이 불러일으키는 이러한 다양한 현상들은 시인 자신의 미적 관점에 다름 아니다. 마음의 응어리와 그것을 풀기 위한 방법으로 제시한 삭힘은 어쩌면 그녀 시 미학의 한 요체라고 할 수 있다. 시인이 말하는 삭힘은 오래오래 삭혀 존재 전반의 질적 도약이 이루어진 상태를 의미한다. 온전한 삭힘이 이루어지지 않으면 그것은 '아름답지 않은 것'이다. 시인은 '마음을 통한 수양'(「개똥쑥차를 마시며」)이 전제되지 않은 상태에서 감각적으로 길들여진 삭힘이나 '격앙

되고 분노하고 탐욕스런'(「늙는다는 거와 익는다는 거」) 욕망에 휘둘려 '아름답게 늙지 못한 것'에 대해 비판한다.

마음의 차원에서 오랜 삭힘의 과정을 거쳐 응어리진 한이 풀리면 어떤 일이 벌어질까? 한이 많으면 마음에 맺힌 것이 많기 때문에 자기 자신을 굳게 걸어 잠글 수밖에 없다. 그러면 타자와 세계와의 관계가 단절되어 삭힘이 궁극적으로 지향하는 어우러짐이 일어날 수 없다. 온전한 삭힘이 이루어진 어우러짐은 각 개체의 배제나 소외가 없는, 각자의 주체성이 살아 있는 차원에서의 융화와 조화를 말한다. 한과 삭힘이 궁극적으로 지향하는 이 세계를 우리는 '그늘'이라고 한다. 이것은 그늘이 단순히 시간의 흐름에 따라 탄생하는 것이 아니라 긴 삭힘의 과정에 의해 탄생한다는 것을 말해준다.

하나의 현상으로 드러나는 그늘은 삭힘의 주름(나이테)에 비례한다. 그늘의 원형은 본래부터 그늘의 형태를 지니고 있는 것은 아니다. 그늘은 한 알의 작은 씨앗에서 비롯되어 가지와 줄기와 잎과 열매 등으로 영역을 확장해가면서 존재성을 드러낸다. 여기에서 우리는, 이 과정에서 어떤 일 혹은 어떤 사건이 발생하는지를 살펴볼 필요가 있다. 가령 한 그루의 나무가 그늘을 드리우기까지 여기에 관계한 대지의 기운과 하늘의 기운을 떠올려 보라. 해와 달, 비·눈·서리·바람·이슬·물·흙·공기·벌레·사람·나무·꽃·풀·새·천둥·구름 등 이루 헤아릴 수 없을 정도로 많은 것들의 관계를 통해 그늘이 만들어진 것이다. 하나의 나무가 그늘을 드리운다는 것은 비로소 그 나무가 나무로서의 정체성 혹은 존재성을 지니게 되었다는 것을 의미한다. 나무의 입장에서 생각해보면 그가 가장 듣고 싶어 하고 또 지니고 싶어 하는 것은 '그늘'이라고 할 수 있을 것이다. '그 나무에는 그늘이 있어'라고 할 때의 그늘은 부정이나 긍정 어느 한 차원에 국한되지 않고 그 모든 것을 아우르는 의미 지평을 드러낸다. 이런 점에서 그늘은 프로이트의 무의식화된 욕망이나 융의 그림자와는 차원을 달리한다. 흔히 자아의 어두운 면으로 명명되는 그림자의 경우에는 그 내부에 파괴적이고 폭력적인 에너지 덩어리가 응축되어 있어서 그것이 의식의 차원으로 투사되는 경우 이성에 의해 구축된 상징계가 전복될 위험성이 있다. 이에 비해 그늘은 그림자의 상태로 존재하는 세계가 아니라 그것을 넘어선 세계이다. 그늘의 세계는 그림자의 세계가 은폐하고 있는 파괴적이고 폭력적인 덩어리를 일정한 삭힘의 과정을 통해 풀어낸 세계라고 할 수 있다.

 자아의 내부에 도사리고 있는 어둡고 부정적인 그림자 덩어리를 풀어내지 못하면 타자의 존재를 그 안에 품을 수도 아우를 수도 없다. 이 말은 그림자의 상태에서는 결코 그늘을 드리울 수 없다는 것을 의미한다. 그늘이 타자를 품고 아우를 수 있는 데에는 그것이 삭힘의 과정을 거쳐 그림자의 덩어리를 풀어냈기 때문이다. 어둡고 부정적인 그림자의 덩어리가 삭힘의 풀어내는 과정을 거쳐 탄생한 세계가 바로 그늘인 것이다. 그림자의 상태가 깊어지면 그것은 독이 되고 독이 깊어지면 한이 된다. 우리는 종종 '여자가 한을 품으면 오뉴월에도 서리가 내린다'라는 말을 한다. 한이 지니는 관계의 단절에서 오는 섬뜩함을 잘 드러내고 있는 이 말을 통해 우리는 한이 한의 차원에서 그치면 새로운 전망이나 기대 지평을 제시하기가 어렵다는 것을 알 수 있다. 한이 한으로 머물지 않고 그것을 삭히고 풀어내는 과정을 통해 세계의 지평은 열리게 되는 것이다. 오뉴월에 서리가 내리면 나무는 더 이상 그늘을 드리울 수 없게 되고 그렇게 되면 그 그늘에 깃들거나 그것과 서로 어울리는 관계 자체가 불가능하게 될 것이다(졸고, 「'그늘' 그 어떤 경지」, 《시로 여는 세상》 2016년 여름호).

시인의 한이 궁극적으로 지향하는 바가 여기에 있다면 그것은 일종의 '생성론적 관계론'을 드러내는 것으로 볼 수 있다. 시인의 한과 삭힘이 지극하면 개인이나 개체를 넘어 집단이나 사회는 물론 우주 전체로까지 그 관계성이 확장된다는 것이 바로 그것이다. 시인이 마음의 응어리를 풀면 우주 전체가 마음 내에서 살아 꿈틀대면서 새로운 지각 혹은 마음의 현상학이 탄생하는 것이다. 가령 시인이

> 코스모스 꽃망울 벙그는 작은 귀띔에도
> 억새 대궁 느껴대는 흔들림에도
> 별들은 잠 못 이룬다

―「이 가을 명천에 2」부분

라고 할 때, 이 세계가 드러내는 것이 바로 그늘이다. 그늘의 차원에서 보면 이 시의 요체는 '별들의 잠 못 이룸'에 있다. 왜 별들은 "코스모스 꽃망울 벙그는 작은 귀띔"에 잠 못 이루는 것일까? 혹은 왜 별들은 "억새 대궁 느껴대는 흔들림"에 잠 못 이루는 것일까? 이 의문에 대한 답은 그늘에 있다. 그늘이 긴 삭힘을 통한 주체의 지극함이라면 그것이 '코스모스 꽃망울의 벙긂'과 '억새 대궁의 흔들림'에 내재해 있는 것이다. 코스모스가 꽃을 피우기 위해 기울인 지극함에 혹은 온몸으로 흔들어대는 억새 대궁의 지극함에 하늘에 떠 있는 별이 감동을 한 것이다. 이것은 '그늘이 우주를 바꾼다'는 말의 현현으로 볼 수 있다.

그늘이 드러내는 이러한 관계론의 차원에서 보면 그 관계의 토대를 이루는 개체들 혹은 개체 생명들의 흐름이 중요하다고 하지 않을 수 없다. 생명은 그것이 무엇이든 이 지극함을 지니고 있다. 하나의 생명이 탄생하기 위해서는 우주 전체의 동시적인 작용이 있어야 하고, 그 작용은 마치 병아리가 알을 깨고 나올 때 밖에서 어미 닭이 동시에 그것을 쪼는 그런 지극함이 내재된 것이라고 할 수 있다. 이런 점에서 그늘론이 '생명학'(김지하)이 되는 것은 아주 자연스러운 귀결이라고 볼 수 있다. 시인 역시 생명에 대해 각별한 인식을 드러내 보인다. 어쩌면 이것은 마음의 응어리를 삭히고 풀어서 그늘의 경지를 지향하는 시인이 지녀야 할 당연한 태도인지도 모른다. 각자 각자의 생명에 깃든 이 지극함을 읽어내고 그것을 잘 모시고 공경하는 예를 우리는 「자란, 꽃눈을 뜨다-사회에 첫발 딛는 아들에게」라는 시에서 발견할 수 있다.

    척박한 사막의 이동성 유전자 때문인가
    눈도 미처 못 뜬 채
    죽은 듯 자는 듯 웅크려 있더니
    수줍게도 꽃눈 떴구나

    풍성하지 않은 몸피와
    물기 마른 가녀린 잎새에
    공글려 올린 영혼의 꽃대
    짙고도 붉은 뮤μ별로 태어났구나
    영롱한 수정 눈물 머금었구나

    버겁고 아프게 밀어 올린
    작고도 여린 생의 촉수

    방 안 분분한 자란 향이
    오장구혈五臟九穴을 스며드는구나
    -「자란紫蘭, 꽃눈을 뜨다-사회에 첫발 딛는 아들에게」 전문

개체 생명(아들)에 대한 시인의 태도가 잘 드러난 시이다. 어린 병아리가 껍질을 깨고 밖(우주 생명)으로 나오듯 아들 역시 "웅크려 있"던 세계에서 "버겁고 아프게" 그것을 "밀어"내고 세상 밖(사회)으로 나온다. 시인은 그것을 "작고도 여린 생의 촉수"라고 명명한다. 이렇게 명명하는 것은 아들에게서 그늘을 보았기 때문이다. 아들은 척박한 생의 사막에서 한 서린 시간을 보낸다. 하지만 아들은 생을 포기하지 않고 그러한 생의 사막에서 "물기"를 찾고 그 물기로 "잎새"와 "꽃대"를 키워 "짙고도 붉은 별"로 태어난다. 이러한 일련의 과정은 "공글려 올린 영혼의 꽃대"가 말해주듯이, 그것은 온몸으로 세계와 부딪치고 마음의 응어리를 삭히고 풀어서 얻은 지극함의 산물이다. 아들의 이 지극함이 우주를 바꾸고, 시인의 마음을 움직인 것이다.

그늘이 우주를 바꾸는 저 지극한 몸짓은 개체 생명이 함께 할 때 더 빛을 발한다. 우리는 이 개체 생명의 지극함이 역사를 바꾼 예를 경험한 바 있다. 개체 생명의 지극함에는 삶의 거부와 부정을 넘어서는 힘이 있다. 이러한 힘들이 모이면 각자가 주체가 되기 때문에 배제되거나 소외되는 생명이 없다. 우리가 '집단 지성'을 이야기하지만 그것도 이러한 토대 위에서 이루어져야 한다. 우리는 이 흐름을 멀게는 구한말 동학혁명에서, 가깝게는 최근의 촛불혁명에서 발견할 수 있다. 각기 시기는

다르지만 이 각자 각자의 생명이 지극함을 가지고 사회를 바꾸려고 한 점에서는 다르지 않다고 할 수 있다. 동학혁명의 흐름이 촛불혁명으로 이어졌다면 그것은 바로 개체 생명의 이런 지극함 혹은 그늘 아니겠는가? 시인은

> 어둠 속에 오래 머물러 있을수록
> 갑자기 나타난 불빛은
> 눈을 찌르는 통증으로 온다
>
> 시퍼런 죽창 하나씩 가슴속에 꽂은 채
> 진눈깨비 맞으며 환하디환한 잇바디들
> 저 땅끝 해남에서부터 트랙터는 지축을 울리고
> 홑바지에 짚신으로 우금치를 넘던 갑오년
> 그 우렁찬 함성으로 광장은 다시 일어섰다
>
> 손에 손엔 팔딱이는 심장 오롯이 꺼내 들고
> 붉디붉은 생명의 노래 부르는 이 누구인가
> 흰 입김 내뿜으며 희망의 찬가를
> 목 놓아 부르는 그는 누구인가
> 작은 반딧불이 모여 촛불의 바다가 되었구나
> 그 바닷물이 격노하여 배를 뒤집어엎는구나

오, 황홀하여라 눈부신 촛불의 향연이여
영원히 꺼지지 않을 불의 제의여
한겨울 동토에서 피어나는 강인한 들꽃이여
미망의 깊은 잠 털고 깨어나는
나비 떼들의 춤사위가 훨훨 북악산을 향한다
─「저 황홀한 촛불의 향연」 부분

에서 그것을 '불빛'의 이미지를 통해 강렬하게 제시하고 있다. 갑오년 동학농민들이 든 횃불과 최근 디지털세대들이 든 촛불은 모두 시기만 다를 뿐 그 이면에는 개체 생명의 한과 삭힘 그리고 지극한 그늘의 경지가 내재해 있다. 갑오년의 '우금치'가 '땅끝 해남'과 '서울 시청 앞 광장', '광화문광장'으로 이어지고, '횃불'이 다시 "촛불"로 이어지는 이 역사의 도저한 흐름은 그것이 "붉디붉은 생명", 다시 말하면 지극한 그늘의 경지를 드러내고 있기 때문에 "촛불의 바다"가 되고 또 "배를 뒤집어엎"을 수 있는 것이다. 우리 민중의 한이 혹은 우리 시민의 한이 개인의 이상 심리나 집단 히스테리에 갇혀 폐쇄된 방향으로 흐르지 않고 그것이 오랜 삭힘의 과정을 거쳐 우주 전체 생명이라는 지극함의 관계론으로 나아간 데에는 우리 민족의 의식 혹은 정신 이면에 면면히 흐르는 그늘의 세계가 존재하기 때문이라고 할 수 있다.

이런 그늘의 세계에서는 "잘못 든 길도 길"이 될 수 있다. 자신의 삶에서 길에 대한 발견과 깨달음은 지극함의 관계론이 낳은 "빛나는 개안開眼"(「잘못 든 길도 길이다」)에 다름 아니다. 시인의 길에는 한이 서려 있고, 그 속에 오래 머무르면서 그것을 삭히고 풀어 그늘이라는 지극함의 경지에 이르려는 의지가 있다. 시인의 이러한 태도는 그늘의 관계론에 기반을 둔 생명 미학의 흐름을 견지하고 있다는 점에서 의미가 있다. 시인의 지극함의 궁극은 '그늘이 우주를 바꾼다'의 그것과 다르지 않다. 이런 점에서 시는 '천지의 마음'에 다름 아니다. 이것은 단순한 낭만도 비현실적 상상도 아니다. 이것은 우주 내에서 사물의 정체성을 탐구하는 것이고, 개체 사물의 차원에서 발견할 수 없는 것을 우주적 차원에서 발견할 수 있는 것을 말한다. 시인의 그늘은 이 마음의 크기와 깊이에 달려 있다. 하지만 그 마음이란 시인의 지극함에서 오는 것 아닌가? 시인의 지극함이 크고 깊으면 천지(우주)의 마음도 크고 깊을 수밖에 없다.

시인의 지극함이 그늘을 낳고, 그 그늘이 언어의 대지에 깃들 때 비로소 시의 향연은 시작되리라.

| 후기 |

힘이 곧 정의인가

해방 공간에서 친일 청산을 하지 않은 탓에
손도 못 댈 만큼 뿌리 깊어진 적폐들을
상기하고 분기하게 해준
아베여, 군국주의 망령들이여
보거라, 우리가 누구인지
임진왜란에서도, 식민지 치하에서도
더욱이 최고 권력마저도 갈아치운, 네가 간과한
너희와는 뼛속부터 다른 대한국인의 민족성을
이제부터 두 눈 똑바로 뜨고 보아라

수입 아닌 수출을 규제하면서까지 전쟁놀이하고 싶은 아베나
'법대로'를 외치나 법은 손톱의 때보다도 우습게 알고
야당이면서 청문회조차 보이콧한 친일후손당들이나
받아쓰기와 가짜뉴스 양산에 불철주야 여념 없는 언론이나
무소불위 기득권을 지키려 목숨 거는 검찰이나
가장 부패한 권력들이 흠결 없는 도덕성을 감히 부르짖다니!

자국민 따윈 안중에도 없는 얼척없는 꼴이라니!
거기에 왜?라는 합리적인 생각 한 번 없이
그들이 떠드는 대로 삿대질해대며 깨춤 추는 몰상식자들이라니!

나는 세상에서
후안무치한이 가장 무섭다
아주 배암보다 더 징글징글하다

사람은 고쳐 쓰는 게 아니다
골라 쓰는 거다
제발이지 나와 내 자녀를 위해서라도
잘 좀 골라 쓰자

우분투Ubuntu를 위하여!
인드라망을 위하여!

2019. 9.
이리도 아름다운 서천의 가을 들판을, 넋 놓고 앉아 쓰다